これだけ違う！
一流の現場と
よくない現場

良い家は
現場を見ればわかる！
パート2

一般社団法人日本中小建設業
CS経営支援機構 代表理事
本多民治
Tamiharu Honda

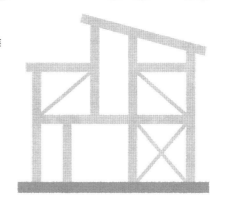

文芸社

はじめに

　私が建築会社で現場監督と工事責任者として30年、その後建築技術コンサルタントとして14年過ごしてきて一番思うことは、きちんとした現場管理をしている住宅建築会社は非常に少ないということです。残念なことに、私の想像では世の中に5パーセントくらいしかないのではないでしょうか。

　この本を書いた理由は次の五つです。
　一つ目、日本の家づくりを良くするため。
　二つ目、家を建てるお客様が良い建築会社に出会って、家づくりに成功していただくため。
　三つ目、お客様に喜んでいただくことを第一に考え、真面目に家づくりに取り組んでいる建築会社に発展していただきたいため。
　四つ目、不真面目に家づくりに取り組んでいる建築会社を、お客様が選ばないようにするため。
　五つ目、お客様（住宅購入者）に建築会社を選ぶのに役立つ現場情報を提供し、購入者側の目を厳しくすることにより住宅業界を良くするため。

　家は現場で職人がつくります。どんなにデザインが良くても、性能（断熱・耐震など）が良くても、キッチンなどの住宅設備機器が良くても、家をつくっている現場がダメなら良い家は絶対にできません（世界中どの産業でも、製造現場がダメなら良い製品はできません）。
　28ページから33ページに「普通の大工と一流の大工」「普通の現場監督と一流の現場監督」「普通の建築会社と一流の建築会社」の比較について解説していますので、まずはご覧になってください。
　本書を手に取ったあなたも、同じお金を払うなら〝一流の大工〟〝一流の現場監督〟〝一流の建築会社〟の方がお得だと思いますが、いかがですか。

建物立面図

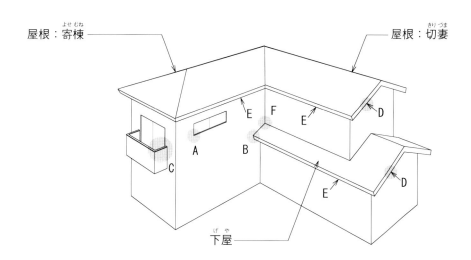

目　次

はじめに　　　　　　　　　　　　　　　　　　　　　　　　　　　　*3*

第1部　家づくりで成功する秘訣とは？

家づくりを計画しているあなたへ　　　　　　　　　　　　　　　　*9*

建築会社選びは婚活に似ている!?　　　　　　　　　　　　　　　*10*

私が現場の大切さを説き続ける理由　　　　　　　　　　　　　　*12*

家づくりにおけるお客様満足度とは？　　　　　　　　　　　　　*13*

住宅建築業界の明日のために独立！　　　　　　　　　　　　　　*14*

現場改善に取り組む建築会社、取り組まない建築会社　　　　　　*16*

現場を大事にしている建築会社を選びましょう！　　　　　　　　*17*

現場を大事にしない建築会社を選ぶと……　　　　　　　　　　　*18*

良い建築会社を見分ける現場チェックポイント　　　　　　　　　*20*

安全管理のできていない建築会社は絶対に選んではいけません!!　*21*

建築会社の「現場力」チェック〈3つのステップ〉　　　　　　　*23*

この本の使い方の注意点　　　　　　　　　　　　　　　　　　　*25*

第2部　安心できる建築会社の選び方
──現場で確認したいポイントを徹底紹介！

一流編

①	大工	普通の大工と一流の大工の違い	*28*
②	現場監督	普通の現場監督と一流の現場監督の違い	*30*
③	建築会社	普通の建築会社と一流の建築会社の違い	*32*

初級編

①	環境整備1	現場の泥が道路に出ていませんか？①	*34*
②	環境整備2	現場の泥が道路に出ていませんか？②	*36*

③	環境整備3	基礎・左官・タイル・外構などの洗い水が適正に処理されていますか？	38
④	環境整備4	工事用トイレは水洗になっていますか？（下水道地域）	40
⑤	環境整備5	基礎内部や壁の中など隠れてしまうところを汚していませんか？	42
⑥	環境整備6	資材がきちんと整理・保管されていますか？	44
⑦	品質管理1	骨組みが雨で濡れていませんか？	46
⑧	品質管理2	合板を濡らしていませんか？	48
⑨	品質管理3	外壁の防水対策は万全ですか？	50
⑩	環境整備7	建物まわりにゴミが落ちていませんか？	52
⑪	環境整備8	足場防護ネットは張られていますか？	54
⑫	環境整備9	玄関まわりが整理されていますか？	56
⑬	環境整備10	玄関ドアを傷つけていませんか？	58
⑭	環境整備11	玄関内が雑然としていませんか？	60
⑮	環境整備12	鉄板屋根を汚したり傷つけたりしていませんか？	62
⑯	環境整備13	室内が雑然としていませんか？	64
⑰	環境整備14	柱の1本まで大事にしていますか？	66
⑱	環境整備15	窓枠は養生されていますか？	68
⑲	環境整備16	カウンターは養生されていますか？	70
⑳	環境整備17	下駄箱は養生されていますか？	72
㉑	環境整備18	室内がホコリだらけになっていませんか？	74
㉒	環境整備19	設備機器は養生されていますか？	76
㉓	環境整備20	土台・床下はきれいですか？	78

中級編

| ① | 品質管理4 | 土間コンクリートが大きくひび割れていませんか？ | 80 |
| ② | 品質管理5 | 立ち上がり部分のコンクリートが大きくひび割れていませんか？ | 82 |

③	マナー1	職人さんのマナーは良いですか？	*84*
④	マナー2	職人さんの身だしなみは良いですか？	*86*
⑤	マナー3	職人さんは仕事の説明をしてくれましたか？	*88*
⑥	安全管理1	職人さんはヘルメットを被っていますか？	*90*
⑦	安全管理2	転落防止用ネットは張られていますか？	*92*
⑧	安全管理3	足場はしっかり組まれていますか？	*94*

上級編

①	品質管理6	ベタ基礎の土間の厚さは15センチありますか？	*96*
②	品質管理7	ベタ基礎土間と立ち上がり部の接続面の処理は適正です か？	*98*
③	品質管理8	鉄筋の「かぶり厚さ」が不足していませんか？	*100*
④	品質管理9	アンカーボルトは正しく施工されていますか？	*102*
⑤	品質管理10	基礎のコンクリート強度は季節に応じ適正です か？	*104*
⑥	品質管理11	基礎のコンクリート流し込み後の型枠の存置期間は 適切ですか？	*106*
⑦	品質管理12	コンクリートの表面は平らになっていますか？	*108*
⑧	品質管理13	コンクリートの表面に穴がたくさんあいていません か？	*110*
⑨	品質管理14	アンカーボルトを入れ忘れていませんか？	*112*
⑩	品質管理15	アンカーボルトは正しい位置に施工されています か？	*114*
⑪	品質管理16	基礎工事のまとめ	*116*
⑫	品質管理17	屋根と外壁の接続部分にしっかり防水処置が施され ていますか？	*118*
⑬	品質管理18	水切り板金は取りつけられていますか？	*120*
⑭	品質管理19	窓まわりにしっかり防水処置が施されていますか？	*122*
⑮	品質管理20	軒天井の防水工事は万全ですか？	*124*

7

⑯　品質管理21　外壁の通気性は確保されていますか？　　　126

⑰　品質管理22　バルコニーまわりの防水工事は万全ですか？　　128

⑱　品質管理23　雨漏りの事例　　　130

⑲　品質管理24　壁断熱材に隙間はありませんか？　　　132

⑳　品質管理25　天井断熱材に隙間はありませんか？①　　　134

㉑　品質管理26　天井断熱材に隙間はありませんか？②　　　136

㉒　品質管理27　発泡断熱材は正しく施工されていますか？　　　138

㉓　品質管理28　壁の石膏ボードは正しく貼られていますか？　　　140

㉔　リフォーム工事1　開始時挨拶・仕事の説明・身だしなみは教育されていますか？　　　142

㉕　リフォーム工事2　マナーは良いですか？　　　144

㉖　リフォーム工事3　室外・室内の養生はされていますか？　　　146

㉗　リフォーム工事4　安全（室内足場）に配慮していますか？　　　148

㉘　リフォーム工事5　品質（断熱材）は良いですか？　　　150

㉙　リフォーム工事6　作業終了時の清掃や挨拶がきちんとできていますか？　　　152

㉚　現場基準1　現場ルールはしっかり定められていますか？①　154

㉛　現場基準2　現場ルールはしっかり定められていますか？②　156

㉜　現場基準3　検査の結果は管理されていますか？　　　158

㉝　教育制度　　人材教育はされていますか？　　　160

㉞　現場検証　　教育後の現場検証ができていますか？　　　162

　　　コラム　　良い家は一目でわかる!!　　　164

おわりに　　　165

良い建築会社を見極めるための現場チェックリスト12　　　168

写真協力建築会社一覧　　　170

第1部

家づくりで成功する秘訣とは？

家づくりを計画しているあなたへ

この本をお手に取られたということは、きっとあなたは今、家づくりを計画していて、家づくりに関するいろいろな情報を集めているところですね。

〝お料理するのが楽しくなるような、広くて明るいキッチンがほしい！〟

〝趣味のロードバイクが置けるような、かっこいい土間がほしい！〟

〝冬でもＴシャツ１枚で過ごせるような、暖かい家に住みたい！〟

考えることが多すぎて、夢はどんどん膨らんでいくことでしょう。

住宅情報誌を読んだり、建築会社のホームページや広告を見たり、モデルハウスめぐりをしたり、あるいは建築会社の資金計画セミナーなどに参加して、集めた情報を前に嬉しい悲鳴を上げているかもしれません。しかし、こうした情報を基に建築会社を１社に絞って契約しようと考えても、選択肢が多すぎて、なかなか絞り切れません。

Ａ社の工法なら冬でも暖かい家に住める。Ｂ社のデザインはモダンでとってもおしゃれ。Ｃ社はとにかく建築費用が安い……。

どの建築会社もお客様には自分の会社の良いところばかり宣伝しますから、これではいったいどの建築会社にすればよいのかわかりません。

それでは、いったい何を決め手に建築会社を選べば良いのでしょうか？

答えは簡単、それは〝現場〟です。建築現場を見て決めるのが一番の方法です。

〝えっ、現場を見て建築会社を選ぶなんて話は聞いたことがない！〟

そう驚かれたかもしれません。

しかし、建築会社の本当の姿を見られるのは、現場なのです。

モデルハウス、広告、営業マンは建築会社の表の顔です。表側だけ見ても、建築会社の裏側、つまり、本質はわかりません。建築会社の本当の姿が見えるのは、家を建てている現場です。お客様の大切な家を建築会社が現場でどう扱っているかを見れば、その建築会社のお客様に対する姿勢がわかります。現場は嘘をつけません。

建築会社選びは婚活に似ている!?

建築会社選びを、〝婚活〟にたとえるとわかりやすいかもしれません。

結婚相手を探している男性が、合コンやお見合いパーティーでとてもきれいな女性に出会ったとしましょう。

きれいにお化粧をして、清楚なワンピースを着て、「趣味はお料理です」などと話すその女性を気に入って声をかけ、何度かデートを重ねていきます。

そして、ついにその女性の部屋に招かれる日がやってきます。しかし、いざ部屋に入ってみると、部屋の隅やベッドの下には綿ボコリ、キッチンの水回りはカビだらけ、ベランダには出し忘れたゴミがたまり、友達から借りた雑誌やコミックは窓辺に置きっぱなしで日に焼けている。

さらにはマンションの廊下で住人に挨拶されても無視。駐輪禁止スペースに平気で自転車を停めたままで、それを管理人に注意されても不服そうな顔をするだけ。

きれいで清楚な外見からは想像もできなかった姿に、男性は愕然とします。

〝たとえ料理が得意でも、こんなに汚いキッチンで作った料理は安心して食べられない〟

〝人に見られるとわかっているのに部屋を汚いままにしておけるのだから、ふ

だんはもっと汚いのかもしれない。押し入れの中はどうなっているのだろう?〟

〝ご近所の人に挨拶や配慮ができないなんて、自分の家族や友人、ご近所の方には紹介したくない〟

……などと、どんどん不安になっていきます。

おそらく、結婚相手にはとうてい無理という結論に達することでしょう。

建築会社選びもこれと同じです。モデルハウスや広告、営業マンのセールストークだけで建築会社を決めるのは、合コンやお見合いパーティーでのうわべの姿だけを見て結婚を決めてしまうようなものです。

先ほどの女性の部屋を建築現場にたとえると、次のようになるのではないでしょうか。

〝現場に道具や資材、ゴミが散らばっていて、ホコリだらけ〟

〝お客様の大切な資材を雨に濡らしたり、汚したり、傷つけたり、日焼けさせたりしている〟

〝近隣の方々に挨拶すらしない職人さんがいる〟

〝工事車両がご近所に迷惑をかけているのに、指摘されても謝罪をしない〟

……このような情報は、モデルハウスや広告、営業マンのセールストークからはわからないものです。

家を建てる人の多くは、当然、末永くその家に住み続けようと考えています。もし、あなたが大富豪だったなら、家づくりの1軒くらい失敗しても、また建て直せばいいと思えるでしょうが、普通の人はそうはいきません。

永く住み続けるつもりで家を建てるなら、永く住める家を建ててくれる建築会社、永くつき合える建築会社を選んでください。

もし、あなたが最初に新築で家を建てるときに信頼できない建築会社を選んでしまった場合、修理やリフォームが必要になったときに、また一から別の建築会社を探すことになります。これは大変面倒ですよね。

逆に、永くつき合っていける良い建築会社を選べば、のちのち修理やリフォームが必要になっても、家の全てを把握している(言うならば家の〝カルテ〟を持っている)その建築会社に工事を頼めばいいのですから安心です。

そして、その建築会社が永く住める家を建ててくれるかどうか、永くつき合えるかどうかを判断できる基準は〝現場〟にあるのです。契約後、〝こんなはずじゃなかった〟と後悔しないように、必ず家づくりの舞台裏である現場を見学して、建築会社の本当の姿を見極めてほしいと思います。

〝「現場を見ろ!」と言われても、素人だし、何を見ればいいのかわからない〟もちろん、そう思われることでしょう。

でも、安心してください。本書では、建築技術をよく知らないあなたでも、現場のどこに注目して見ればいいかわかりやすく説明しています。散歩の途中に道路から建築現場を眺めるだけでも、その家を建てている建築会社の姿勢の良し悪しが見えてくるはずです。

私が現場の大切さを説き続ける理由

ここで少し、自己紹介をさせてください。

私は工業高校卒業後に大手ゼネコン（総合建設会社）に入社し、現場監督として13年間建築工事管理に携わりました。

その後、大手住宅メーカーのフランチャイズ会社が地元・茨城県に設立され、建設部門の責任者として入社し、17年間で約3000棟の住宅建設に携わってきました。

当時はバブル経済の真っ只中。住宅建設ラッシュのお蔭で、社員15名でスタートした会社は10年後の1996年には、年間受注300棟を超える会社に急成長し、社員も120名にまでなりました。

しかし、その一方で工事体制が整わず、たくさんのお客様にご迷惑をおかけしていました。その内容は、品質不良や現場での重傷事故、社員および業者の対応の悪さ、現場近隣の方々への迷惑行為などさまざまです。

当然、クレームの嵐になりました。

工事が始まると、「現場が汚い」「業者のマナーが悪い」「仕事が雑」などというお客様からの批判が相次ぎました。さらには、「道路を汚すな」「騒音がうるさい!」といった近隣住民からの苦情もたくさん寄せられました。

しかし、たとえ苦情があっても工事に追われる日々で改善などする時間もな

く、ひたすら納期に間に合わせるように家をつくっていったものです。

　そんなことですから、完成したからといって安心できません。

　雨漏りを訴えるお宅に伺って、何時間も土下座したまま謝った経験も数え切れません。

「どうしてくれるんだ！　こんな家に住めるわけないじゃないか！」

　土下座する私に向かって罵声が飛んできました。

「どう見ても工事ミスだろ！　建て直せ！」

　そんなクレームも日常茶飯事。修繕工事でお客様が納得されればいいのですが、そうはいかないこともあります。実際、17年の間に2軒の建て直しがあり、儲けは吹き飛んでしまいました。

　こうして傾きかけた会社にとどめを刺したのが消費税率のアップです。

　1997（平成9）年4月1日に税率が3パーセントから5パーセントに上がると、受注が激減したのです。

　前年の300棟をピークに、1997（平成9）年が240棟、1998（平成10）年が190棟と、わずか2年で約35パーセントの減少。会社の資金もあっという間に底をつきました。

　さらに困ったことに、創業者の社長がお客様とのトラブルが原因で病に倒れ、入院して引退してしまったのです。1999（平成11）年には創業後、初めて業績が赤字に転落し、〝倒産〟という言葉が、何度も私の頭をよぎりました。

家づくりにおけるお客様満足度とは？

　そのとき、私は建設部門の責任者としてこう決意しました。

　〝お客様に喜ばれる会社に変革しよう〟

　しかし、"お客様に喜ばれる会社"になると言っても、いったい何をすればいいのかわかりません。そこで私はそれこそ死ぬ気で考えました。そして私が狙いをつけたのが、親会社である大手住宅メーカーの全国グループ（メーカー直轄20支店・フランチャイズ22社）が実施している「お客様満足度アンケート」でした。

　〝お客様から喜んでもらえない会社〟は、お客様の不満を放置する会社です。

お客様が不満に感じている部分を改善せずに放置すれば、次のお客様も、また次のお客様も、同じ原因で不満を感じます。ですから、〝お客様から喜んでもらえる会社〟になるには、お客様が不満に感じる原因を突き止め、改善しなくてはいけません。

そこでまずは、約1000件のお客様アンケートを半年かけて洗い直し、真のお客様満足度・不満度を調べました。

その結果、営業担当者に対する満足度は50パーセントで、設計、インテリアコーディネーターに関する満足度が40パーセント、そして、現場監督と工事業者に関する満足度は最低の20パーセントでした。つまり、お客様の80パーセントは現場に不満があったのです。

現場が不満の原因だとわかってからは、明確な目標を決めました。

「現場を改善し、3年以内にお客様アンケートの顧客満足度で、全国42事業所中1位になる」

私はそう宣言しました。当然、全社員から無理だと反対されましたが、私はこの目標が達成できなければ会社を辞める覚悟で、社内に檄を飛ばし、大改革を始めました。

〝クレームは宝の山〟などとも言われていますが、まさにその通り。私はお客様のクレームをもとに現場改善マニュアルをつくっていきました。

テーマは次の4つです。

①環境整備（きれいな現場をつくる）
②品質管理（より良い品質の家をつくる）
③安全管理（事故の起きない安全な現場をつくる）
④マナー（建て主様・近隣の方々に喜ばれる対応をする）

このマニュアルづくりもわが身をすり減らすほど大変な労力を費やし、ルールをつくった後も、各マニュアルに基づいて現場監督と業者さんの教育を徹底的に行いました。

住宅建築業界の明日のために独立！

当時、私がいた会社には社員、業者さん合わせて約300人いました。彼らを指導したからと言って、それが現場で徹底されているとは限りません。教育

完了後、実際に現場でしっかり守られているか、徹底した現場パトロールを行いました。

当時、毎月1回、1チーム4人で朝から夕方まで10現場くらい、4チームで合計40現場を見まわりました。実践していない監督と業者さんには再教育をしました。

現場パトロールでは自分たちがまず整理整頓・掃除などをやって見せて、次に職人さんを呼んで指導をしました。その繰り返しと、あとは反省会です。できない人間は徹底的に個人指導です。その際、身だしなみも良くするよう指導するのは当たり前のことです。

「来月までにまともな髪型にしてこい！　そうしないとクビだぞ！」

身だしなみを何度も注意し、いくら言っても直してこないのでやめてもらった人もいます。現場を本気で改善しようとしている姿勢を見せなければ、現場の人間も変わってくれませんから、こちらとしても必死です。

クレームが減ってきたと実感したのは2年目からでした。

クレームが減り、お客様からのお褒めの言葉をいただけるようになってくると、それまでお客様にも上司にも怒られてばかりだった社員や業者たちは、うれしくて、やる気がみなぎってくるようでした。

倒産という言葉におびえていた暗い会社が、やる気のあふれる前向きな集団に変わっていき、もっとお客様に喜んでもらいたいと、さらに工夫をするようになりました。

すると徐々にアンケートの順位が上がり始め、スタートから4年目の2001（平成13）年、ついに**全国42事業所で顧客満足度ナンバー1になりました。**

このときほどうれしかったことはありません。社員、職人全員で大喜びして祝杯を上げました。「現場を改善すればお客様に喜んでもらえる」という自分の判断が、間違っていなかったと確信した瞬間でした。

そして、自分の会社と同じように、他の建築会社でも現場に不満が集中しているのではないかと考えました。

もし、そうなら、自分の経験をもとに全国の建築会社の現場改善指導をしてはどうだろうか。全国の建築会社の現場が改善されれば、欠陥住宅をつかまさ

れて泣き寝入りするお客様を減らせるのではないか。そう考え、建築技術コンサルタントとして独立したのです。

現場改善に取り組む建築会社、取り組まない建築会社

お客様のことを本当に考えている経営者や社員、業者は、お客様からクレームをいただくと、自分たちを信頼して人生で一番大きな買い物をしてくれたお客様をがっかりさせてしまったと心を痛めます。

お客様に失望されるのは本当につらいものです。私も、お客様からのクレームが度重なった時期は、夜も眠れず、憔悴し切っていました。

もちろんクレームをつけたお客様が一番つらいのですが、お客様を苦しめてしまった経営者も社員も、業者もつらいのです。

自分たちのミスなのだから怒られて当然なのですが、怒られてばかりでは〝ああ、自分はなんてダメなんだろう〟と落ち込み、仕事へのやる気はなくなっていきます。

お客様からのクレームを放置している会社では、お客様も、業者も、社員も、経営者も、全員が幸せになれません。ですから、良い経営者はお客様の不満が集中する部分、つまり現場を改善しようと決意して行動に移します。

しかし、現実問題としては、建築会社が、現場改善に取り組むには、大変な労力がかかります。

建築会社は自社の社員として営業マンや設計士、現場監督を抱えていますが、実際に家を建てる職人さんは自社の社員ではなく、協力業者であることがほとんどで、その協力業者は（会社の規模にもよりますが）数百人にもおよびます。その協力業者を管理するのが現場監督の仕事です。

ある建築会社の社長は「営業マンを一人前にするには、半年かかる。現場監督を一人前にするには、数年かかる」とおっしゃいます。また、別の建築会社の社長は「自社の社員を教育するよりも、協力業者を教育するほうが難しい」とおっしゃっています。

建築会社が現場を改善しようと思ったら、この現場監督と協力業者に、何度も研修を受けてもらい、教育・評価・再教育をし続けなくてはいけません。もちろん、通常業務と並行しながらですから、音を上げて、やめていく社員や業

者も出てきます。

それだけ大変なことだとわかっていても、未来を見据えている経営者は現場改善に取り組みます。

最初は大変でも、苦労して現場を改善して、お客様からのクレームが減り、逆にお褒めの言葉が増えてくると、社員はうれしくなって、どんどんやる気になります。

そうすると、もっと褒められるために工夫しようと考えるようになり、サービスが向上します。そのサービスを受けたお客様は幸せになります。みんながどんどん幸せになっていくのです。まさに幸せの相乗効果です。

現場を大事にしている建築会社を選びましょう！

それなのになぜ、世の中の95パーセントの建築会社は現場改善に取り組まないのでしょうか。それには３つの理由があります。

まず１点目は、前述しましたように現場改善には大変な労力がかかるからです。建築会社の経営者が〝現場を改善しなくても経営が成り立つなら、このままで構わない〟と考えている場合、わざわざ大変な思いをしてまで現場改善には取り組もうとはしません。

２点目は、現場改善の総合指導ができるコンサルタントがほとんどいないからです。現場をきれいにする、顧客対応マナーを教えるといった現場改善の一部だけを指導するコンサルタントはいますが、現場改善を総合的に指導できるコンサルタントは、ほとんどいません。

後で詳しく説明しますが、良い現場とは以下の４つが徹底されている現場のことです。

①環境整備　　②品質管理　　③安全管理　　④マナー

総合的・体系的な現場改善指導を受けないと、この①〜④のレベルがバラバラな現場になりがちです。

最後に、３点目は、お客様の多くが〝現場なんて、こんなものだろう〟と、現状を受け入れてしまっているからです。

自分の家の建築現場のあちこちに道具が散乱し、建築資材なのかゴミなのかわからない状態で、雨の日なんか、気になって現場に行ってみると、工事中の

17

大切なわが家の骨組みが雨ざらし。悲しくて、悔しくて、心配で眠れない……それでも、建築会社にクレームを言ったら、職人さんたちが怒ってしまうのではないか、逆に反感を買って手抜き工事をされたらどうしよう……などと考えて、喉まで出掛かった言葉を飲み込みます。

ついには〝建築現場なんて、こんなものだろう〟とあきらめてしまうのです。そして、お客様のこのあきらめが、建築会社にとって、現場を改善しなくても構わないという考え方につながっていきます。

この現状を変えるため、建築技術コンサルタントである私はこれまでに全国の建築会社の経営者に現場の大切さを説き、現場を何百と歩いて泥まみれになりながら、現場改善指導を続けてきました。お客様に信頼され、喜ばれる建築会社を全国に100社つくることを目標に、今日も指導を続けています。

そして今回、**将来の住宅購入予定者であるあなたに、「あきらめないで、現場を大事にする建築会社を探してほしい」**という思いでこの本を書きました。

この本を建築会社探しの教科書として使うことで、現場を大事にする（本当の意味でお客様を大事にする）良い建築会社に巡り合ってほしいですし、現場を大事にする良い建築会社には、そうでない建築会社よりも、今後さらに活躍してほしいと願っています。

現場を大事にしない建築会社を選ぶと……

それでは、あなたが選んだ建築会社が現場を大事にしていなかったら、どんな事態が待ち受けているのでしょうか？　ここでは、住宅の欠陥でよくある事例の一つ、「雨漏り」の話をしましょう。

あなたのマイホームが、建ててから11年後に雨漏りしたとします。

繰り返される雨漏りにどうにも我慢できず、建築会社に雨漏りの修理のお願いをしたとしましょう。すると、建築会社の担当者はこう言うはずです。

「引き渡しから10年が過ぎていますので、保証期間はすでに切れています。有償工事となりますが、よろしいですね」

有償になるのか！　でも、10年も経っているのだからしょうがないか。いや、前から雨漏りの兆候はあったぞ。もっと早く言っておけばよかった……納得で

18

きず、ついついそう思って後悔するはずです。しかし、その後悔はすぐに怒りに変わるでしょう。

あなたは雨漏りの修理費用がどれほどの金額になるかご存知ですか？

「修理のために外壁や屋根をはがすことになりますので、100万円を超える高額工事になります」

そう言われて、〝えっ！　そんなにかかるの！〟と思うことでしょう。

この期に及んで、ついに怒りがこみ上げてくるはずです。一般的には、35年返済の住宅ローンを組んでいますので、新たな100万円の出費は痛すぎます。

このとき、修理費用を負担しないで済む方法があります。

検査会社に頼んで、雨漏りの原因が引き渡し時点からの瑕疵（欠陥）であることを証明してもらい、弁護士を頼んで裁判を起こして勝利すればいいのです。

もちろん、この方法でも検査会社への支払い費用、弁護士の支払い費用、裁判の費用などが必要です。しかも、裁判は長期間にわたりますから多くの労力を費やし、いやな思いもたくさんしなければなりません。

ためしに、インターネットで〝欠陥住宅〟を検索してみてください。

すると、驚くほどたくさんの事例が掲載されています。大手住宅メーカーが手掛けた住宅も掲載されていますので、大手といえども安心はできません。

ここまで読んできて、あなたはふと疑問に思うことでしょう。

〝そもそも、建てて10年くらいで雨漏りするのが普通なの？〟

いえいえ、もちろん普通ではありません。

しかし、現場で品質管理を徹底していない建築会社が建てた家では、それが起きてしまう可能性が高いのです。その理由は、本書の118ページから131ページを見れば一目瞭然です。引き渡し後、10年を過ぎた時点で雨漏りがたくさん発生している理由がわかります。

しかし、現場で品質管理を徹底している建築会社が建てた家であれば、保証期限の10年が過ぎても雨漏りしないどころか、数十年経っても雨漏りしません。現に私が最近まで住んでいた家は自分で現場監督をして建てたものですが、31年が経過しても雨漏りをしていません。理由は、現場監督である私が目を光ら

せ、品質管理を徹底したからです。

良い建築会社を見分ける現場チェックポイント

　お客様のことを本当に大事にしている建築会社の現場では、前述した①環境整備　②品質管理　③安全管理　④マナーの４点が徹底されています。この４点をおざなりにして、良い家を建てることは不可能です。

　私は、この４点が徹底されている会社を「現場力」がある会社と呼んでいます。デザイン・性能・設備機器などがすぐれた建築会社でも、現場力がなければ、良い家はできません。

　では、具体的にはどんなところをチェックすればいいのでしょうか。

　くわしくは第２部でじっくり見ていきたいと思いますが、簡単に説明しましょう。

　まずは①環境整備です。これは建築のことはよくわからないという人でも大丈夫です。現場を一目見ればすぐにわかります。

　最低条件は、現場前の道路がきれいなこと、現場に掃除道具があること、建築資材や建物の骨組みがシートなどで覆われていて雨が降っても濡れないこと、敷地内や室内の工具や建築資材などがきちんと整頓されていること、ホコリがこまめに掃除されていることなどです。

　〝現場ってゴミやホコリが出るし、材料もたくさん置いてあるから、散らかっているのが普通じゃないの？　現場が汚いと、何がそんなに問題なの？〟

　そう思う人もいらっしゃるかもしれません。

　ですが、現場をきれいにしていない会社は、お客様のことを本気で考えていない会社だと私は思います。

　現場では建築資材を削ったりして、大量のホコリが出ます。それをこまめに掃除しないと、そのホコリが家のさまざまな隙間に入り込んでしまいます。そして、入居後にそのホコリが隙間から排出され、室内の空気がホコリっぽくなってしまいます。お子様のいる家庭など、特に心配なのではないでしょうか。

　また、建築資材がきちんと養生（ブルーシートなどで覆うこと）されていないと、びしょ濡れになったり、日焼けしてしまったり、傷がついてしまったりします。

　お客様がお金を出して購入した資材をきちんと保管していない建築会社は、

お客様のことを大切に考えている会社だと言えますか？

　また、現場の室内床に、電源コード、工事道具、クギや木片などが散らばっていると、工事の邪魔になるうえ、人がつまずいて転ぶ恐れがあります。

　現場の室内には、大工、内装業者、電気工事業者、設備業者（キッチン・浴室）など、様々な業者さんが出入りします。それぞれの業者さんが、大きな資材や設備機器を運んだり、危険な工具を使って作業をしている現場が散らかっていたら、工事の邪魔になったり、完成部分や設置した設備に傷がついてしまったり、ときにはけがを伴う事故が起きてしまったりと悪いことだらけです。

　次に、②品質管理ですが、品質は一般の人から見ればわかりにくい部分ですし、引き渡しの際にも見た目がきれいにできていれば、満足してしまうものです。しかし、品質管理を徹底していない現場で建てられた家では、雨漏りのように、引き渡しから数カ月後、数年後に大きなトラブルになることがあります。

　ですから、とりわけ防水工事で手を抜いているかどうかは気をつけて確認しないといけません。第２部をよく読んで、チェックしてみましょう。

安全管理のできていない建築会社は絶対に選んではいけません‼

　また、③安全管理も意外な落とし穴なのです。

　全産業で一番死亡事故が多いのは建設業界であることをご存知ですか？

　厚生労働省の労働災害統計によると、2014年に起きた労働災害で死亡したのは全産業で1057人、建設業界（土木含む）の死亡災害は377人と、全体の約35パーセントを占めています。そのうち建築業界の死亡者数は174人です。しかも、建築業界の死亡事故の86パーセントは従業員29人以下の中小零細建築会社で起きています。

　信じられない人も多いでしょうが、実際、２階建て、３階建ての建築現場でヘルメットを被らずに作業している大工さんや職人さんは少なくありませんし、家の骨組みを組立てているときに墜落防止用のネットを張っていない現場も少なくないのです。

　しかし、たとえ２階の高さでも打ちどころが悪ければ重傷事故につながり、なかには命を落とす人もいるでしょう。

死傷者が出た家など、縁起が悪くて誰だって住みたくないですよね。

　自分の家の建築現場で事故が起きてほしくなかったら、職人さんがしっかりヘルメットを被ってあごヒモをしっかり結んでいる会社、家の骨組みを立てているときに墜落防止用のネットを張っている会社を選んでください。

　最後に、建築会社間で一番差が出るのが、④のマナーです。マナーには、職人さんの身だしなみや、挨拶、話し方、近隣への配慮などが含まれます。

　やはり人は見た目や雰囲気で他人を判断する生き物です。

　職人さんの第一印象が〝信用できない人だな〟では、工事が始まってから、あの人で大丈夫だろうか、ちゃんとやってくれているだろうかと、ことごとく不安になります。

　また、職人さんが無愛想なために恐怖感を覚えてしまうと、何らかの小さな不満があっても怖くて言い出せません。すると、言えば改善してもらえるような小さな不満が積み重なって、結局、大きな不満になって爆発してしまうこともあるでしょう。

　ただし、新築の場合は建て主が現場に行かなければ、職人さんと顔を合わせることはほとんどありません。しかし、家が完成した後、修理が必要になったときや、リフォームをするときは（新築時と同じ会社にお願いする場合）、住んでいる家の中に職人さんが入ってきて作業をすることになります。

　奥様１人、あるいは奥様と小さなお子様しかいない平日の自宅に、印象の悪い職人さんを入れるのは、ちょっと心配ですよね。

　泥だらけの靴下でずかずかと部屋に入ってくる、無愛想で挨拶もろくにしない、掃除もしないで帰っていく……そんな職人さんと同じ空間で数時間、数日間、数週間過ごすことになっては余計なストレスが溜まります。職人さんのマナー教育をしていない建築会社を選ぶと、このように、建築完了後も嫌な思いをすることがあるのです。

　逆に、身だしなみがきちんと整えられていて、笑顔で挨拶をしてくれて、質問にも丁寧に答えてくれる職人さんに出会ったら、〝あの人に任せておけば大丈夫〟と安心して過ごせますし、小さな不満が出てきたときも、〝言えばきっと改善してもらえる〟と思えますので、その都度しっかり話し合って解決して

いくことができるでしょう。

　修理やリフォームのときも、安心して家に招くことができますね。

　ここまで、現場の①環境整備　②品質管理　③安全管理　④マナーについて説明してきましたが、建築に詳しくないほとんどの方は、②の品質管理や、③の安全管理については、よくわからない、難しいと感じるかもしれません。

　しかし、現場の資材や道具がきちんと整理・保管されていて、ゴミが落ちていない。職人さんの身だしなみが整っていて、気持ちのよい挨拶をしてくれる……それならすぐにわかりますね。

　そういう建築会社は品質管理も安全管理もしっかりしていると言っても過言ではありません。一流の建築会社とそうでない建築会社の違いはそこです。

　家のデザインや性能、仕様、資金計画に関する本は、書店にたくさん並んでいますが、住宅建築の現場の見方について書かれた本は、おそらく本書が日本で初めてでしょう。

　安心して永く暮らせるわが家を手に入れたいと思っていらしたら、まずは本書を片手に現場めぐりから始めてください。そして、「現場力」の高い建築会社を見つけてください。

建築会社の「現場力」チェック〈３つのステップ〉

　ここで、いい建築会社を選ぶための３つのステップを紹介しましょう。

①気になる建築会社のホームページや広告を見て、その会社が現場改善の取り組みに力を入れているかどうか調べる

　前述した通り、建築会社が現場改善に取り組むには、大変な労力がかかります。それでも現場を改善するのは、今よりもっとお客様に信頼してもらえる建築会社になり、他社と差別化したいと思っているからです。

　ですから、現場改善に取り組んで成果を出している会社は、それをホームページや広告で宣伝し、〝うちはここが違うんです〟とアピールしています。ホームページであれば、〝お知らせ〟や〝ニュース〟などのページに、現場改善

のために実施している研修についての記事が掲載されていることでしょう。

　なかには、建築会社は現場が基本、現場がきれいで、現場のマナーがよくて、現場が安全で、品質が良いなんて当たり前のことだから、宣伝するまでもないという考えの建築会社もあるかもしれません。

　そういう建築会社は、ホームページや広告では現場についてあまり触れていないかもしれませんが、現場に行ってみれば、その建築会社が本当に現場を大事にしているかどうかはわかります。やはり現場がすべての原点なのです。

②近所を散歩して、建築現場を道路から眺めてみる

　この本で紹介する現場チェックポイントには、道路から見ただけでも確認できるポイントが多数あります。近所に家を建てようと考えている人は、この本を持って家の近所を散歩し、さまざまな会社の建築現場を道路から眺めてみるとよいでしょう。

③勇気を出して「見学させてもらえますか？」と聞いてみる

　散歩中に気になる建築現場があったら、現場で作業している職人さんに声をかけ、見学させてもらえるかどうか聞いてみましょう。

　もし、建て主が関係者以外の立ち入りを拒否しているなどの理由で、その現場の中を見学させてもらえないような場合でも、見学が可能な別の現場を見せてもらえばいいでしょう。

　現場を大事にしている会社は、〝現場＝ショールーム〟と考えているので、お客様を現場にご案内して、現場の素晴らしさを見てもらいたいと考えています。現場の見学を理由もなく断ることはないはずです。

　また、**現場を見学するときは、職人さんの身だしなみや対応も観察してみましょう**。そして、現場について聞きたいことなどがあれば、職人さんに質問してみてください。

　現場を大事にしている建築会社では、現場マナーの研修を定期的に実施して、協力業者の職人さんにも参加してもらっています。身だしなみの整え方や挨拶の仕方、工事に関する質問への答え方などを研修で習っている職人さんは、そ

うでない建築会社の職人さんとはマナーが全く違うので、話してみればすぐにわかります。

そして、見学時に素晴らしい対応をしてくれた職人さんがいたら、会社名と氏名を聞いておくことを忘れずに。後で契約をすることになったときに、その職人さんを指名できるかもしれないからです。現場で素晴らしい対応をしてくれた職人さんを指名できれば、安心して仕事を任せられますし、職人さん側も、指名を受ければうれしくて腕が鳴ります。

建築会社によっては、職人の指名ができないこともあるかもしれませんが、契約前に営業担当者と相談してみるとよいでしょう。

ただし、ここで一つだけクギを刺しておきたいことがあります。

飛び込みの見学でなく、建築会社の指定した現場を見学する場合、1回目の見学時は、現場も事前に準備している可能性があります。ですから、一度現場を見ただけで安心せず、**最低でも3回は現場を訪ねてください。**

1回訪ねて現場の人たちに顔を覚えてもらったら、2回目、3回目は〝抜き打ち〟で見に行きましょう。そうすれば、ふだんから現場をきれいにしているかどうか、そして、社員や大工さん、業者さんが、本当にマナーがいいかどうかがはっきりわかります。また、1回目とは別の現場を見に行ってみるのもよいでしょう。

本当に立派な建築会社は、いつ何時、何回訪ねてもきれいな現場で、そこで働いている人たちが気持ちの良い対応をしてくれます。

この本の使い方の注意点

本書には、現場を大事にする良い建築会社を探すためのチェックのポイント68項目が掲載されています。このチェックするポイントに従って現場をチェックすれば、建築会社のお客様に対する姿勢は見えてきます。

ただし、注意してほしいのが、このチェックのポイントを使って重箱の隅をつつくようなことをしてしまったら、一生、家は建てられない、ということです。

たとえば、46ページには悪い例として、大雨なのに建物の骨組みの部分を

シートで囲っていないため、柱や床がびしょ濡れになっている写真が掲載されています。骨組みがびしょ濡れになっている状態でシートもかけずに放置するのは明らかに問題です。

しかし、ほとんどの建築会社は早朝の時点での降水確率をもとに工事をしています。あなたがたまたま、現場を通りかかり、工事の途中に突然ぱらぱらと降ってきた雨で建物の骨組みが濡れているのを見て、「この建築会社はダメだ!!」と思ってしまうのは早計です。

降り始めのぱらぱら雨に濡れる程度なら、入居後に柱や床を水拭きしたのと同じ程度の濡れ方だと思ってください。問題なのは、降り始めの雨で少々濡らしてしまうことではなく、雨が強くなってもシートをかけないでいることです。

そもそも天気予報は100パーセント当たるわけではないのですから、建築会社が絶対に建物の骨組みを雨に濡らさないというのは不可能です。あなたが「絶対に私の家は雨に濡らさないでほしい」と言っても、残念ながら、それは無理なお願いと言ってもいいでしょう。

完璧な人間などいないように、どんなに良い建築会社でも、多少はミスが起きることもあります。ただ、現場を総合的に見て〝この建築会社は信頼できる〟と確信したら、ミスを1つ見つけても、〝100ある作業のうち99はきちんとやってくれただろう〟〝このミスにも、きちんと対応してくれるだろう〟と思うことができます。

ミスの全くない建築会社を探し続けていては、いつになっても家は建てられません。ミスが起きないように極力努力していて、たとえミスが起きても誠心誠意対処してくれるような、信頼できる建築会社を探してほしいと心から願っています。

第2部

安心できる 建築会社の 選び方

――現場で確認したいポイントを徹底紹介！

一流 編

初 級 編

中 級 編

上 級 編

一流編① 大工

普通の大工と
一流の大工の違い

普通の大工

← 大工は仕事をしながら挨拶している。施主の方が恐縮している（右ページの大工と比較してください）。

- 外部が雑然としていて、資材を大事に扱っていません。
- 室内の工具・資材の整理が悪く、掃除ができていません。
- 安全基準を守っておらず、いつ事故が起きてもおかしくありません。
- マナーが悪い（身だしなみが不快、丁寧に挨拶できない、仕事の説明をしない、お客様の相手をしない）、お客様は不満。
- 検査（会社と施主）で指摘事項が多く、指摘されないと直しません。
- 会社の家づくり方針を理解しておらず、協力的でありません。
- 顧客（施主・近隣）からの苦情が多い。
 一流の現場を作るという意識が低く、会社から発注された仕事をこなしているだけ。

第2部　安心できる建築会社の選び方

一流編① 大工

一流の大工

写真提供：ヤマサハウス株式会社（鹿児島）

- ●顧客（施主・見学者・近隣住民）が見て感動する現場を作っています。
- ●安全基準を順守して、現場パトロールで指摘事項が全くありません。
- ●マナーがとても良いので、接した人は感動します。
- ・工事開始時ご近所に名刺を配り挨拶、近隣からの苦情が全くありません。
- ・お客様にお出迎え挨拶・仕事の説明・お見送り挨拶をしています。
- ●会社の検査・お客様検査で指摘事項が全くなく、仕事が丁寧です。
- ●会社の家づくり方針を理解し、率先して良い現場を作っています。
- ●顧客からの苦情がほとんどなく、お褒めの言葉を多数いただいています。

超一流の大工を目指し、本気で現場改善に取り組んでいる。

一流編② 現場監督

普通の現場監督と
一流の現場監督の違い

普通の現場監督

- 現場が雑然とし汚れていても、指導監督ができません。
- 安全を守らない業者に対し、指導監督ができません。
- 業者のマナーが悪くても、指導監督ができません。
- 品質に関する技術知識が乏しく、勉強もしていません。
- 工程ごとの検査をほとんどせず、品質は業者にお任せにしています。
- 着工前に図面内容を把握して業者に指導していないため、業者からその都度現場に呼ばれます。
- 着工から引き渡しまでの現場巡回が50回以上と多い（無駄な仕事が多い）。
- 顧客に納得していただけるクレーム対応ができません（基礎ひび割れなど）。
- 施主や近隣住民からの苦情が多い。
  一流の現場を作るという意識が低く、仕事をこなしているだけ。

一流の現場監督

写真提供：株式会社いのうえ工務店（埼玉）

- 顧客（施主・見学者・近隣住民）が見て感動する現場を作れます。
- 安全を守らない業者に対し指導監督ができます。
- 業者にマナーの指導ができるため、業者は顧客が感動する対応ができます。
- 工程ごとの検査が実施され、検査証拠写真が保管されています。
- 業者に対し、環境整備・安全・マナー・品質の改善指導ができます。
- 着工前に図面内容を把握して、注意すべき点を業者に指導しています。
- 着工から引き渡しまでの現場巡回が30回以下と少ない（無駄な仕事はしません）。
- 顧客に納得していただけるクレーム対応ができます（基礎ひび割れなど）。
- 顧客からの苦情がほとんどなく、お褒めの言葉を多数いただいています。

一流の現場を作るという気概を持って本気で取り組んでいる。

一流編③　建築会社

普通の建築会社と一流の建築会社の違い

普通の建築会社

- 現場環境整備マニュアルがなく、雑然としていて汚い。顧客が見学するときだけ掃除をしています。
- 安全マニュアルがなく、安全基準に対する意識が低い。業者の安全教育をしていないため、いつ事故が起きてもおかしくありません。
- 業者にマナーと顧客対応の教育をしていないため、マナーが悪く、顧客（施主・近隣住民）からの苦情が多くあります。
- 顧客（施主・近隣住民）から喜んでいただくための勉強をしていません。
- 品質に関する基準がなく、工程ごとの検査をしていないため、品質が悪い。引き渡し後のクレームが多くあります。

良い家づくりをし、お客様から喜んでいただくという意識が低い。

第2部　安心できる建築会社の選び方

一流の建築会社

写真提供：株式会社諸橋工務店（新潟）

- 一流の現場を作るマニュアル（現場環境整備・安全・マナー・品質）が整い、全業者の教育を定期的に実施しています。
- 現場パトロール（現場環境整備・安全・マナー・品質）で、毎月工事中の全現場のパトロールを行い、改善活動をしています。
- 品質マニュアル・検査基準が整い、全業者で品質に関する勉強を定期的に実施し、工程ごとの検査を行い、検査証拠を保管しています。
- 毎月1回、社員と全業者でお客様に喜んでいただくための勉強をしています。
- 全国の顧客満足度の高い企業に出向き、情報を入手し、全社員で共有し勉強しています。
- お客様が困っている場合はすぐに駆けつけるよう努めています。
- お客様・業者からの紹介契約が多いです（年間の紹介契約率、新築87パーセント・リフォーム97パーセント）

先義後利の精神で、超一流の建築会社を目指しています。

一流編③　建築会社

初級編① 環境整備1

現場の泥が道路に出ていませんか？①

よくない現場

- 基礎工事の際、敷地を機械で掘っているところです。余った土を敷地外に運び出すとき、前面の道路を泥で汚しています。これでは現場近隣の方に迷惑をかけてしまいます。
- この現場を見る限り、掃除道具（ほうき、デッキブラシ）や、水道のホースなどがありません。道路を汚してしまった場合は掃き掃除をして、道路を水できれいに洗い流さなければならないのに、これでは掃除ができません。
- また、道路と敷地の境に囲いがないので、誰でも敷地に入れます。これでは不用心ですし、何より危険です。

第2部　安心できる建築会社の選び方

良い現場（一流）

写真提供：丸和建設株式会社（茨城）

- 写真①　道路を汚さないように敷地の入口に「ゴムマット」を敷いているので、現場前の道路に泥がありません。また、道路と敷地の境にゲート（入口）と囲いをして、第三者の侵入を防止しているので安心です。
- 写真②③　掃除道具が完備されているため、前面の道路を汚した場合はすぐに掃除ができます。

チェックポイント　現場を見学するときは、現場内や周辺をきれいにする掃除道具などが用意されているか確認してください。また、近隣の方々に極力迷惑をかけない努力をしている会社を選びましょう。

初級編①　環境整備1

35

初級編② 　環境整備 2

現場の泥が道路に出ていませんか？②

よくない現場

- 敷地内の泥が道路まで流れ出しています。これでは側溝にも泥が溜まってしまいます。側溝の掃除は、町内会の方々が行いますので、このような建築会社は町内会に迷惑をかけていることになります。
- 工事中や入居後に近隣の方々から苦情を言われると、建て主は嫌な思いをします。

チェックポイント

近隣に迷惑をかける行為は、他にも以下のようなものがあります。
①ゴミやホコリの飛散　　　　　②機械や工具による騒音
③工事用車両が邪魔　　　　　　④休憩時間のうるさい話し声
⑤車の絶え間ないアイドリング音

第2部　安心できる建築会社の選び方

良い現場（一流）

写真提供：丸和建設株式会社（茨城）

初級編② 環境整備2

- 敷地と道路の境に板（赤矢印部分）を入れて、現場内の土が道路に流れ出ないようにしています。さらに、側溝のふたの穴に鉄板でふた（赤丸部分）をしていて、側溝に土が入り込まないようにしています。
- このような配慮ができる会社は、ゴミやホコリ、機械や工具の音、工事用車両の駐車、休憩時間の過ごし方、ご近所の皆様へのご挨拶などをルール化し、現場の職人さんへの教育をきちんとしている会社である可能性が高いです。
- 現場で最初に近隣の方とご近所づき合いをするのは、家を建てる職人さんです。ですから職人さんは、近隣の方々にご迷惑をかけないように配慮し、良いご近所づき合いを建て主に引き継がなくてはいけません。

初級編③　環境整備3

基礎・左官・タイル・外構などの洗い水が適正に処理されていますか?

よくない現場

- 工事現場では工事用排水がたくさん出ます。工事用排水の例を挙げますと、基礎コンクリート・左官工事・タイル工事・外構工事などです。
- 一般的にこの工事用排水をどのように処理しているか、その実態をいくつか記します。

事例①：お客様の土地に穴を掘って、余ったコンクリートや工事用排水を埋めている会社もあります。これではお客様が入居後、庭に花や植木を植えたときに植物の成長に支障をきたします。

事例②：工事用排水を道路の側溝に流している会社もあります。これは法律違反です。河川が工事用排水で汚染されてしまいます。

良い現場（一流）

写真提供：塚本産業株式会社（栃木）

- きちんとした工事をしている会社は、工事現場から出た排水を以下のように処理しています。たとえば、基礎コンクリート・左官工事・タイル工事・外構工事などで使った工具やバケツをできるだけ少量の水で洗い、その洗い水に分離剤を投入し、透明な水と残留物に分離して、残留物は廃材として産業廃棄物処理場に運び処分します。
- このように適正な工事をするには費用がかかります。建て主として嫌な思いをしたくない方、社会に迷惑（側溝に排水を流す）をかけたくない方は、費用がかかっても真面目な会社を選んでください。

初級編④　環境整備4

工事用トイレは水洗になっていますか？（下水道地域）

よくない現場

- 工事現場は、騒音・ホコリ・臭い・工事用車両・職人の大きな話し声など、現場の近隣の方にたくさん迷惑をかけています。その迷惑行為で一番嫌なものの中に、工事用トイレ（汲み取り式）の異臭があります。
- 私も嫌な経験があります。自宅の裏側で工事をされたとき、玄関の近くに工事用トイレを置かれ、夏場で臭いがきつく移動してもらったことがあります。移動しても工事用トイレは汲み取り式ですので異臭は避けられません。

チェックポイント　建て主としてご自身の現場に行ったときに、上記の写真のようなトイレだったら、あなたの家族はトイレを使いますか？　おそらく近くのコンビニのトイレに行くと思います。

良い現場（一流）

写真提供：川上建設株式会社（岡山）

- 上の写真は水洗式の工事用トイレです。汲み取り式ではないので嫌な臭いはしません。一般家庭の水洗トイレとなんら変わりません。
- 汲み取り式のトイレよりは工事費用が数万円高くなりますが、現場のご近所の方々に迷惑をかけないためには必要な費用です（水洗トイレの設置は、公共下水道が入っている地域のみです）。
- トイレが汲み取り式でも、上の写真のようにトイレをきれいに清掃して、消臭剤などを使えばかなり異臭を抑えられます。
- 建築会社はできるだけ近隣の住民に迷惑をかけないように努力することが重要です（建て主様が入居後、ご近所と良好な関係を保てるように配慮する）。

初級編⑤　環境整備5

基礎内部や壁の中など隠れてしまうところを汚していませんか？

よくない現場

- 上の写真は基礎の土間の写真です。基礎工事の時点で掃除をしていません。基礎完成後に工事をする設備業者・大工などが土足で作業をしていますので汚いです。
- 下の写真は基礎の上に乗せる土台という木材です。大工が泥のついた靴で乗っているので、土台が泥だらけです。土台の上に床合板を貼ってしまえば隠れ、わからなくなってしまいます。あなたはこういう会社に家づくりを頼みたいですか。
- 真面目な家づくりとは、見えないところも心を込めてきれいに、丁寧に作業をすることです。

良い現場（一流）

写真提供：西和不動産販売株式会社（滋賀）

- 上の写真は、基礎工事完了後完璧に掃除を行い、その後基礎の中に入る業者は「土足禁止」ですので、各自が上履きに履き替えて作業をしています（雪国では冬期のみ外履を履いての作業となる場合もありますが、汚れたところは雑巾などで掃除をします）。
- 工事現場は、お客様が人生をかけた大事業をあずかって作業をするところです。見えなくなるところもお客様に感謝の気持ちを持って丁寧に工事をしなければなりません。
- 製造現場をきれいにすることは、全産業の基本です。製造現場をきれいにすることは、安全・生産性向上・品質向上にも大きくつながっています。

チェックポイント 現場を見て、きれいで丁寧な仕事振りをしている会社を選んでください。

初級編⑥　環境整備6

資材がきちんと整理・保管されていますか？

よくない現場

- 材木を雨やホコリ、日焼けから守るためのシートがバンドでしっかり固定されていないため、少し強い風が吹くと、このようにシートがめくれてしまいます。これでは材木が雨で濡れたり、汚れたり、日焼けしたりして傷んでしまいます。
- また、材木が地面にほとんど接している状態で保管されているので、地面から材木に湿気が移ってしまいます。
- 濡れたり湿った材木にはカビが発生する恐れがあります。

チェックポイント　お客様がお金を出して購入した材料を大切に保管している会社かどうか、しっかり確認してください。

第2部　安心できる建築会社の選び方

良い現場（一流）

写真提供：川上建設株式会社（岡山）

初級編⑥　環境整備6

- 材木を覆うシートがバンドでしっかりと固定されているため、強い風が吹いてもシートがめくれません。材木がむきだしにならないので、雨に濡れたり、汚れたり、日焼けするのを防止できます。
- また、材木を台の上に載せて、地面から30センチほど離すなどの処置をし、湿気が地面から材木に移ることを防止しています。

チェックポイント　道路から現場内を見渡してみて、材料や工具の整理整頓がきちんとできているかを確認しましょう。

45

初級編⑦　品質管理1

骨組みが雨で濡れていませんか？

よくない現場

- 建て方工事が完了した翌日の光景です。防水工事完了前の建物をシートで囲わずにむき出しの状態なので、屋根・柱・床の木材が雨でびしょ濡れです。
- 濡れた木材にカビがはえてしまったら、住人の健康にも悪影響を及ぼしかねません。
- 床板の下の合板は濡れると、なかなか乾きません。（48ページ参照）
- 日本の天気は1年の3分の1が雨。いつ雨が降ってきても心配がないように、建て方工事が完了したら、防水工事が完璧に終わるまで、家の周囲をすっぽりシートで囲うべきです。

チェックポイント　防水工事が終わっていない建物を雨でびしょ濡れにしていないか確認しましょう。

第2部　安心できる建築会社の選び方

良い現場（一流）

写真提供：株式会社諸橋工務店（新潟）

初級編⑦　品質管理1

- この現場は、建て方工事が完了したら、雨が降っても降らなくても、防水工事が終わるまでシートで囲っています。
- 職人さんは毎日シートをめくって中に入って作業し、夕方の作業終了時には再びシートで囲っています。この繰り返しは面倒で手間がかかりますが、お客様の大切な建物を守ろうという気持ちの表れです。

チェックポイント　建物を絶対に濡らさないというのは不可能ですが、極力濡らさないように努力している会社を選びましょう。

47

初級編⑧　品質管理2

合板を濡らしていませんか？

合板

写真提供：ヤマサハウス株式会社（鹿児島）

- 多くの住宅には合板（ベニヤ板）が使われています。合板とは、原木を大根の桂剥きのように薄く剥いだものを乾燥させ、木目方向が交差するように何枚も積み重ねて貼り合わせたものです。
- 合板は濡れると、水分が内部に吸収され、なかなか乾燥しません。
- 上の写真は、雨で濡れた合板の水分含有率を調べたもの。この測定例では濡らす前は6.5パーセント（写真①）。濡れた直後は51.5パーセント（写真②）になり、それが、10時間経っても31.5パーセント（写真③）と、あまり減っていません。
- このように合板は水分を吸収しやすいため、雨に濡らすとカビや傷みの原因になるので、できるだけ濡らさないようにしっかりシートで養生しないといけません。

第2部　安心できる建築会社の選び方

無垢材

写真提供：ヤマサハウス株式会社（鹿児島）

初級編⑧　品質管理2

- こちらは無垢材の水分含有率を調べたものです（製材のJASに適合する構造用製材の含水率は25パーセント）。
- 無垢材とは、使用する形状にそって丸太から直接切り出した木材です。割れやひびなどが入りやすいですが、天然木本来の風合いを持ち、室内の湿度を調整する働きもあるのです。
- 合板と同じ実験をしたところ、この測定例では雨で濡れる前の含水率は12.0パーセント（写真①）。雨で濡れた直後の含水率は26.5パーセント（写真②）になりましたが、10時間後には12.0パーセント（写真③）と、もとの水分含有率に戻っているのです。
- この結果からわかるように、無垢材は多少濡れても乾燥してもとの状態に戻るので、安心できます。

49

初級編⑨　品質管理3

外壁の防水対策は万全ですか?

※4ページ立面図F参照

- 外壁と1階の屋根が接続している部分で防水紙が破れて雨水が青点線丸部分に浸入しています。
- 防水工事の順番は、①骨組み　②防水紙（＋水切りシート）　③外壁　④シーリング（外壁材の端の部分に充填して内部に雨が入らないようにする合成樹脂のペースト）です。
- ④シーリングはきちんと施工しても10年経つと切れてしまうものです。そのとき②防水紙がきちんと貼られていれば、内部に水は浸入しません。防水紙がきちんと貼られていないと、内部に水が浸入し、木造なら木がカビたり、腐ったりし、鉄骨鉄筋なら鉄が錆びて著しく耐久性が低下します。
- 引き渡し後10年が過ぎて雨漏りした場合、保証期間の10年が過ぎているので、雨漏りの修理は「お客様の負担」になります。

良い現場（一流）

写真提供：株式会社いのうえ工務店（埼玉）

※4ページ立面図F参照

- 外壁と屋根が接している部分に、通常の防水紙を隙間なく貼って、その上に水切りシート（赤点線枠部分）を重ね、さらにその上に防水紙を貼っています。三重防水になっているので、雨水が入りません。
- このようにきちんと防水紙と水切りシートを貼っておけば、建物引き渡し後10年を経過して、外壁のシーリングが切れてもここから雨漏りすることはありません。
- 住宅の施工品質で最も重要なのは、雨漏りしない家をつくることです。雨漏りすると、木造なら木がカビたり腐ったりし、鉄骨鉄筋なら鉄が錆びて著しく耐久性が低下します。

※特に雨が浸入しやすい箇所は、防水紙と水切りシートを重ねて防水します。

初級編⑩　環境整備7

建物まわりに
ゴミが落ちていませんか?

よくない現場

- 建物のまわりにゴミがたくさん落ちています。建築会社が業者の指導を怠っていると、業者は作業終了時に掃除をしないので、このような状態になります。
- 土の上に直接落ちたゴミを放置していると、ゴミが地中に埋まってしまい、入居後に庭いじりをしていると、そのゴミが出てくることがあります。子供さんが泥遊びをしているときにクギなどが出てきたら危ないですね。
- 写真の赤丸で囲った部分は今後使うアンカーボルトのナットです。いずれもお客様がお金を出して購入した大切な材料です。お客様の資材を大事にしない会社は信用してはいけません。

良い現場（一流）

写真提供：株式会社坂井建設（大分）

- 建物のまわりにシートを敷きクギやゴミが土の中に入り込むのを防止しています。シートを敷いてあるのでクギやゴミが落ちたときも掃除がしやすく、現場をきれいに保てます。（写真①）
- 業者が外部作業でゴミを地面に落とさないように、専用のゴミ籠を用意し、ゴミを入れています。（写真②）
- 床組が完了した時点で、床が雨で濡れないように表面をシートでしっかり囲っています。（写真③）

初級編⑪　環境整備8

足場防護ネットは張られていますか?

よくない現場

- 写真は、工事中の業者が材料取り込み時や足場の下をくぐるときにネットをめくって、そのままになっている状態です。
- 足場の防護ネットは、足場の外側に取りつけ、現場の作業側からボルト・工具などや建築資材の破片が飛んだり、落ちたりして、作業者や通行者（歩行者）に危害を与えないために設置するものです。
- また、足場上の作業者の転落防止、隣家へのゴミ飛散防止などの目的もあります。
- このような重要な役割を持つ防護ネットは、めくったら、なるべくすぐにもとの状態に戻すのがルールです。

良い現場（一流）

写真提供：タナカホーム株式会社（青森）

初級編⑪　環境整備8

● この現場は、2階部分までしっかりと足場防護ネットが張られています。作業者や通行者、近隣への配慮が感じられる現場です。

チェックポイント

道路から現場の安全管理状況をチェックするポイントです。
①足場の防護ネットがきちんと張られていますか？
②敷地まわりに、ゲートなどの仮囲い（パネルやネット）があり、第三者の侵入（盗難・放火・子供の事故につながる）を防止していますか？
③現場での注意を促す標識（敷地内禁煙・ヘルメット着用・作業終了時の掃除など）が設置されていますか？

初級編⑫　環境整備9

玄関まわりが整理されていますか?

よくない現場

- 玄関土間が泥や木を切ったクズで汚れています。また、ゴミやまだ使えるボルトなども放置されています。
- 玄関入口の左右には、ゴミ袋、シート、外壁の板などが雑然と置かれています。
- 人の目にさらされる家の玄関がこれだけ雑然としているということは、室内はもちろん、完成後に見えなくなる床下・天井なども同じような状態か、それ以下なはずです。

チェックポイント　玄関は、現場美化の基準点です。家の入口である玄関が汚いと、現場の職人さんたちは「この現場はこの玄関と同じくらい汚くしてもいいんだな」と無意識に感じてしまいます。

良い現場（一流）

写真提供：株式会社宮沢工務店（長野）

- この現場は泥もホコリも落ちていませんし、不要な材料なども置かれていません。きれいに整理されています。
- 雨の日など、土間に敷いたシートが泥で汚れたときは、モップでしっかりと掃除をしています。
- 見学に来る建て主も、玄関がこのようにきれいに掃除されていたら、自分の家が大事に扱われていることがわかって気持ちが良いものです。

チェックポイント
①玄関・ポーチまわりの養生ができていますか？
②泥などで汚れたときの掃除道具の準備ができていますか？

初級編⑬　環境整備10

玄関ドアを傷つけていませんか？

よくない現場

- 玄関は、現場の職人さんが道具を持って出入りしたり、材料運搬業者が材料を運び込む場所なので、傷をつけられやすい部分です。にもかかわらず、写真の現場は玄関まわりの養生（資材や完成部分が傷ついたり、雨に濡れたりしないように保護すること）がされていません。
- これでは、①玄関の引き戸　②引き戸下のレール　③玄関の左枠に傷がつく恐れがあります。

チェックポイント　傷がつきやすい玄関まわりの養生をしていない会社は、その他の部分の養生も怠っている可能性が高いと言えます。

第2部 安心できる建築会社の選び方

良い現場（一流）

写真提供：丸和建設株式会社（茨城）

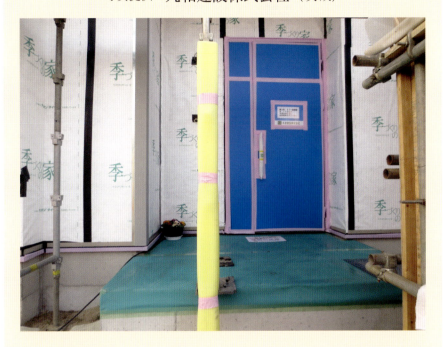

初級編⑬ 環境整備10

- ドアの両面をプラスチック製の板やドアメーカーの養生材で、傷がつかないように養生しています。
- 玄関（ドアまわり）枠はテープで傷がつかないように養生しています。
- ドアの取っ手をスポンジで覆い、傷がつかないようにしています。

> **チェックポイント**
> 「取りつけた部品に傷をつけてはいけない」は、建築現場の重要なルールの一つです。もちろん、絶対に傷をつけないとお客様に約束することはできませんが、良い建築会社は極力傷をつけないように養生を徹底しています。

初級編⑭ 環境整備11

玄関内が雑然としていませんか？

よくない現場

- 家の玄関内部の写真ですが、靴が脱ぎっぱなしで、工具類や資材が放置されています。
- 玄関は現場の職人さんが道具を持って出入りしたり、材料運搬業者が材料を運び込んだりと、往来が集中する場所です。散らかっていると、運搬作業の効率が落ちたり、資材を傷つけてしまったり、業者がつまずいて転んでしまったりと、悪いことばかりです。
- 土間がホコリで汚れています。これでは人が通るたびに少しずつホコリが空気中に舞って、室内に入ってしまいます。

チェックポイント 人通りの多い玄関内が整理されていない現場は、作業効率の低下や工事ミス、事故につながります。

良い現場（一流）

写真提供：**株式会社宮沢工務店（長野）**

初級編⑭　環境整備11

- 玄関内部の土間にシート（緑色の部分）が敷かれ、立てかけてあるモップで常に掃除されているので、ホコリもなく、きれいです。
- 上がり框（かまち）に傷がつかないように、プラスチック材できちんと養生してあります。
- 職人さんの靴が出船型に、きちんと揃えて置いてあります。人の家にお邪魔するときは、玄関で靴を揃えるのがマナーです。現場はお客様の家ですから、職人さんは玄関で靴を揃えるのがマナーです。

初級編⑮　環境整備 12

鉄板屋根を汚したり傷つけたりしていませんか？

よくない現場

- 上の写真は、すでに仕上がった鉄板屋根です。仕上がった鉄板屋根の上を汚れた靴で歩いているので泥だらけになっています。室内でいえば仕上がった床板の上を土足で歩いているようなもの！　これでは靴底の小石や砂で屋根の表面に細かい傷がつきます。
- 下は鉄板屋根表面の拡大写真。深い傷がついてしまっています。

チェックポイント　鉄板屋根を養生しないと傷がつき、この傷から錆が発生して屋根材の耐久性が落ちてしまいます。

良い現場（一流）

写真提供：有限会社北山建築（三重）

1階部分の屋根

初級編⑮　環境整備12

- 上の現場は、1階の屋根面を保護シートで養生しています。
- 下の現場は、屋根に上がる足場の階段登り口部分に泥落としマットを設置しています。足場や屋根に上がるときは靴の泥を落として上がるので屋根が汚れません。簡単にできそうなことですが、ここまで丁寧に管理している建築会社は少ないのが現状です。

初級編⑯　環境整備 13

室内が雑然と
していませんか?

よくない現場

- 道具、材料、材木の切れ端が散乱し、材料を切断したときに出た切りくずだらけで、掃除機をかけた形跡がありません。(写真①)
- サッシ溝もホコリだらけです。(写真②)
- ホコリを放置すると、それが木材のつなぎ目などに入り込み、入居後に徐々に室内に出てきて、ホコリっぽい家になってしまいます。

> **チェックポイント**　工具や材料が整理されていないと、作業効率や精度が落ちます。ホコリを放置すると、空気の汚い家になってしまいます。

第2部　安心できる建築会社の選び方

良い現場（一流）

写真提供：有限会社北山建築（三重）

初級編⑯　環境整備13

- ホコリが出たら随時、掃除機をかけているためホコリがありません。状況に応じてモップ掛けをしています。（写真①）
- 室内の道具や材料がきちんと整理整頓されています。（写真②）
- サッシ溝も掃除されています。（写真③）

チェックポイント　良い家づくりを目指している建築会社はどうしたら現場がきれいになるか研究しています。道具や材料が整理された現場では作業効率が上がり、工事ミスが減ります。ホコリをこまめに掃除すると、空気のきれいな家になります。

初級編⑰　環境整備 14

柱の1本まで
大事にしていますか？

よくない現場

- 床の上に、掃除道具、工具、ゴミ袋、電源コードなどが散乱してます。これでは作業の邪魔になりますし、危険でもあります。（写真①）
- お客様の大事な柱に勝手に無駄なクギを打ちつけ、タオルをかけています。（写真②）

チェックポイント
現場で柱に無駄なクギを打ち、作業服・工具・電源コード・掃除道具などをかけている会社は少なくありません。
大事な柱に自分たちの都合で勝手にクギを打つような建築会社は、お客様のことを本当に大切にしている会社ではありません。

第2部　安心できる建築会社の選び方

良い現場（一流）

写真提供：**株式会社ホームライフ（京都）**

初級編⑰　環境整備14

- 建築現場にはビスやクギ、養生テープ、掃除道具、工具などさまざまな材料や道具が置かれています。この現場は、移動式の棚に現場で使用する物を整理しているため、どこに何があるかすぐにわかり、仕事がしやすいのです。
- また、棚の横にはS字フックを取りつけて、ヘルメットや電源コード、掃除道具、作業服をかけています。大事な柱にクギを打ってはいません。（ただし、電源コードの整理や材料保管棚などを設置する場合はクギを打つこともあります）

チェックポイント　良い建築会社では、現場の整理方法ひとつとっても、お客様への配慮が感じられます。大事な柱に勝手にクギを打つようなことはしません。

67

初級編⑱　環境整備 15

窓枠は養生されていますか？

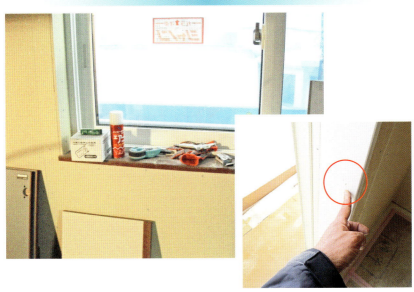

よくない現場

- 上の現場は、窓の下枠を養生しないまま、上に工具や材料を置いているので、下枠の表面に傷がつく恐れがあります。
- 下の現場は、2階の洋室からバルコニーに出るところの窓枠ですが、こちらも枠を養生していないので傷がついています。

チェックポイント

建築現場には常に様々な業者が出入りし、それぞれ部材を組み立てたり、取りつけたりしているので、完成している部分はすみやかに養生しないと、自分以外の業者が作業中に誤って完成部に傷をつけてしまうことになりかねません。
あなたの検討している建築会社が、完成部分を丁寧に養生しているかどうか確認しましょう。

良い現場（一流）

写真提供：株式会社ホームライフ（京都）

初級編⑱　環境整備15

● 窓枠を養生板とテープでしっかり養生しているので、室内作業で万が一、窓枠に物をぶつけても、傷がつく心配はありません。

チェックポイント

窓枠の取りつけ、掃除、養生の正しい手順は以下の通りです。
①窓枠を水平・垂直に、角部に隙間がないように正確に取りつける。
②窓枠を1カ所取りつけたら、雑巾でホコリをふき取る。
③養生板を取りつけ、傷を防止する。
家は現場でつくりますので、全く傷をつけずに完成させることは難しいですが、きちんと養生していれば、極力傷を防ぐことができます。

初級編⑲　環境整備 16

カウンターは養生されていますか？

よくない現場

- 写真はキッチンのカウンターです。家の中でカウンターは見せ場の一つなので、特に注意して工事をしなければなりません。
- カウンターの上に立っている棒は、カウンターのコの字型の木枠が接着剤で固定されるまで支える突っ張り棒です。本当はカウンターのコの字型の木枠を取りつけた後、それを養生してから突っ張り棒を立てなくてはいけないのですが、この現場はその養生を省いているため、赤丸部分に傷がついてしまいます。
- さらに養生していないカウンターの上に物を置いています。これではカウンターに傷や汚れがついてしまいます。

第2部　安心できる建築会社の選び方

良 い 現 場 （一 流）

写真提供：STYLE HOUSE ALLAGI株式会社（大阪）

初級編⑲　環境整備 16

● この現場では、キッチンのカウンター全面をきちんと養生板とテープで覆って、カウンターに傷や汚れがつくのを防いでいます。

チェックポイント　あなたの検討している建築会社が、建て主の夢がつまった家の見せ場部分を、傷や汚れから守るためにきちんと養生しているか、確認しましょう。

初級編⑳　環境整備17

下駄箱は
養生されていますか？

よくない現場

❶

❷

- 玄関は家の入口で、業者がたくさん出入りするので、下駄箱に材料や工具をぶつける可能性があります。
- 上の現場では、下駄箱の側面や扉を養生していないので、傷がつく可能性が高いです。（写真①）
- 下の現場では、下駄箱の内部の養生をせずに工具や材料を置いています。これでは棚の中が傷だらけになってしまいます。また、下駄箱内部がホコリだらけです。（写真②）

良い現場（一流）

写真提供：有限会社北山建築（三重）

●大工さんが現場でつくった収納棚の棚板がダンボールで完璧に養生してあります。きれいに掃除してあるためホコリもなく、工具や材料も置かれていません。

チェックポイント　下駄箱や収納棚の中のような、人目につかない部分もきちんと養生されているかどうか、チェックしましょう。

初級編㉑　環境整備 18

室内がホコリだらけになっていませんか？

よくない現場

❶

❷

- 内装工事では、壁や天井の石膏ボードのつぎ目を平らにするため、パテを塗り、固まったらサンドペーパーで削って平らにします。そのとき、削ったパテの粉がたくさん床に落ちます。削った後、すぐに掃除機をかけないと室内にパテの粉が広がり、室内の空気が汚れます。
- その状態を完成まで放置すると、パテの粉が幅木と床板の隙間に入ってしまい取れなくなってしまいます。そして入居してから、この粉がだんだん室内に出てくるので、空気の悪い家になります。（写真①）
- 下の写真は階段ですが、クロスのパテの粉でホコリだらけです。また階段の養生が雑で、はがれかけています。（写真②）

良い現場（一流）

写真提供：有限会社北山建築（三重）

初級編㉑　環境整備18

- 内装屋さんが、パテを削るときに出たホコリを掃除機で吸い取っています。このように、パテを削った後はすぐに掃除をすることが大事です。（写真①）
- 階段の養生です。けこみ（垂直部分）、段板（水平部分）とも完璧に養生しています。ホコリもありません。（写真②）

チェックポイント　パテの削りカスを放置すると、ホコリっぽい家になってしまうので、こまめに掃除しているか、チェックしてください。

初級編㉒　環境整備 19

設備機器は
養生されていますか?

よくない現場

配膳カウンター

- 上の現場は、養生されていないシステムキッチンの天板の上に資材が置かれています。これでは傷がつきます。また、収納の扉や配膳カウンターも養生されていません。(写真①)
- 下の現場は、ユニットバスです。内部が資材の物置になっています。養生されていないので、すでに壁に傷がついているかもしれません。高額な設備機器を選んでも、仕事の雑な建築会社に頼むと良い家はできません。(写真②)

良い現場(一流)

写真提供:STYLE HOUSE ALLAGI株式会社(大阪)

❶

❷

初級編㉒ 環境整備19

- システムキッチンの養生状況です。天板や扉、配膳カウンターがきちんと養生されています。(写真①)
- ユニットバス入口の引き戸が養生されています。さらにこの会社では、ユニットバス内部に物を入れることを禁止する標識を掲示しています。(写真②)

初級編㉓　環境整備20

土台・床下はきれいですか？

よくない現場

- 完成後に隠れてしまうところが、泥だらけです。基礎の土間の中が泥だらけ、ホコリだらけで、ゴミが落ちています。また、土台（木材）の上を泥だらけの靴で歩いて汚しています。
- このように床下が汚い会社は、壁の中や天井裏も汚いことが多いです。

チェックポイント　現場をチェックするときは、完成時に隠れてしまう部分をきれいにしているか確認しましょう。

良い現場（一流）

写真提供：**株式会社ハウスヴィレッジ**（新潟）

- 完成時に床下を確認しています（掃除状況・床断熱材がきちんと入っているか、床下で水漏れはしていないかなど）。
- きちんと掃除しているので床下にゴミやホコリがありません。良い家をつくっている建築会社は完成後に見えなくなってしまうところもきれいに掃除しています。

チェックポイント 良い建築会社は完成後に見えなくなる部分も点検し、写真を撮影して検査報告書にまとめています。

中級編① 品質管理4

土間コンクリートが大きくひび割れていませんか？

よくない現場

大きなひび割れ3本　拡大

- べた基礎の土間コンクリートをつくっているところです。べた基礎は家全体の荷重を地盤に伝えるところで構造上重要な部分です。
- その土間コンクリートに大きなひび割れが発生しています。
- 住宅の品質確保の促進などに関する法律では、基礎のひび割れについて、幅0.3ミリ以上は瑕疵(かし)（欠陥）であると規定しています。このケースは明らかに幅0.3ミリ以上のひび割れです。
- 大きなひび割れが発生した原因は、コンクリートの締め固め（右ページ写真①参照）不足と、コンクリート表面をシートで囲うこと（右ページ写真④参照）をしていないためで、いずれも手抜き工事です。

チェックポイント　コンクリートの特性上、ひび割れをゼロにすることは不可能です。問題なのは法律で規定されている幅0.3ミリ以上のひび割れをたくさんつくってしまう会社です。

良い現場（一流）

写真提供：ロイヤルホーム株式会社、
　　　　　株式会社国分ハウジング（鹿児島）

- コンクリートをタンパーという工具を使って締め固めています。締め固めとは、コンクリートの中の空気を抜き、コンクリートの材料（砂利・砂・セメント・水）を均一に混ぜる作業のことです。（写真①）
- コンクリートの表面をコテを使って2回ならしています。表面をコテで圧力をかけて2回ならすと、コンクリートの表面がきれいに仕上がり、大きなひび割れは発生しません。（写真②③）
- コンクリートの中の水分が風で飛ばされて、急激な乾燥収縮をすると大きなひび割れが発生するので、それを防止するために表面をシートでしっかりと囲っています。（写真④）

チェックポイント　この工程を現場で見るのは難しいので、①〜④の工程を含め検査チェックシートや検査写真の履歴が残されているか聞いてみてください。

中級編② 品質管理5

立ち上がり部分のコンクリートが大きくひび割れていませんか?

よくない現場

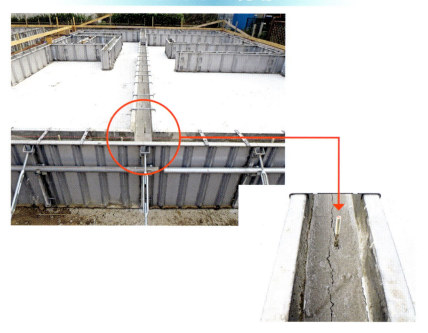

- べた基礎は、土間(水平な部分)と立ち上がり(垂直な部分)に分けてつくります。立ち上がり部分はその上に乗る建物全体の荷重を直接受け、下の土間部に荷重を伝える役目をしている重要な部分です。この現場ではその立ち上がり部分に大きなひび割れができています。
- 大きなひび割れが発生した原因は、80ページの土間コンクリート同様、コンクリートの締め固め不足と、コンクリート表面をシートで囲わなかったための急激な乾燥収縮によるものです。
- このように立ち上がり部分に大きなひび割れがあると、構造の耐久性に問題が出てきます。

第2部　安心できる建築会社の選び方

良い現場（一流）

写真提供：ロイヤルホーム株式会社、
　　　　　株式会社国分ハウジング（鹿児島）

- コンクリートをバイブレーターという振動機械を使って締め固めています。振動機械による締め固めを1回しか行わない会社が多いのですが、丁寧な建築会社は振動機械による締め固めを2回行うので、大きなひび割れは発生しません。（写真①と②）
- コンクリートの中の水分が風で飛ばされないように表面をシートで囲っています。急激な乾燥、収縮による大きなひび割れを防止しています。（写真③）

チェックポイント　この工程も現場で見るのは難しいので、81ページ①〜④の工程と同様に、検査チェックシートや検査写真の履歴が残されているか聞いてみてください。

中級編② 品質管理5

中級編③　マナー1

職人さんのマナーは良いですか？

よくない現場

- 写真は、見学者や建て主が来ても、作業の手を止めず、きちんと挨拶しない職人さんの例です。
- マナー研修を実施していない会社の職人さんは、きちんと挨拶をしてくれないことが多いのです。あなたが清水の舞台から飛び降りる気持ちで建築会社と契約を交わし、建て主として現場に行ったとき、きちんと挨拶をしてもらえなかったら、がっかりしませんか？
- また建築現場では、騒音やホコリなどは、どうがんばってもゼロにすることはできませんから、近隣の方々にご迷惑をかけてしまいます。
- 職人さんが、そのことをいつも心に留め、近隣の方々にご挨拶をしないと、友好的なご近所づき合いの妨げになりかねません。

第2部　安心できる建築会社の選び方

良い現場（一流）

写真提供：**株式会社工房夢蔵（福島）**

❶

❷

❸

中級編③　マナー1

- 写真①は、現場での朝礼の様子です。社員と現場の全職人さんが挨拶練習をしているので、お客様がお見えになってもスムーズにご挨拶ができます。
- 写真②は、工事に携わる全職人さんが「お客様満足度向上研修」に参加し、挨拶練習をしているところです。「いつもお世話になっております」「ありがとうございます」「本当に申し訳ございません」と、発声とお辞儀の練習をしています。
- 写真③は、現場の職人さんが、仕事の手を止めてお客様にご挨拶をしているところです。
- 定期的なマナー研修や朝礼などで挨拶の練習をしている会社の職人さんは、このようにご挨拶をしてくれるので、距離が縮まり、質問をしたいときも、遠慮せずに聞けます。

中級編④　マナー 2

職人さんの身だしなみは良いですか？

よくない現場

- 建築現場では、身だしなみの悪い職人さんをよく見かけます。遊びに来ているのか仕事をしに来ているのかわからない人が現場に出入りしていたら、建て主も近隣の方々も、「あれは職人さんなんだろうか？」と不安に思ってしまいます。
- さらに、適切な靴や作業着を身に着けていないと、現場事故につながる可能性もあり、危険です。
- 建築会社の多くは現場作業を外注しているので、現場で働いている職人さんは社員ではないことがほとんどです。その職人さんたちの身だしなみを管理できない会社は、その他の現場ルール（整理整頓、養生、マナー、安全、品質）もなく、職人さんの教育もしていないことが多いのです。

良い現場（一流）

写真提供：株式会社工房夢蔵（福島）

- 身だしなみの例としてこの職人さんたちは、統一された作業服を着用し、作業靴、ズボンのベルト、ヒゲ、髪型、ヘルメットもすべてルールにしたがって整えています。これなら一目で職人さんだとわかるので、建て主も近隣の方々も安心です。「ちゃんとしてそうだな」と思ってもらえるような身だしなみを整えるのも、お客様に安心していただくための重要な気配りの一つです。
- 良い建築会社では、マナーマニュアルで細かくルールが決められていて、それをもとに定期的に職人さんの教育をしています。毎月、現場パトロールを行い、職人さんのマナーと現場環境整備状況、安全、品質をチェックし、職人さんごとに評価をしています。

中級編⑤　マナー3

職人さんは仕事の説明を してくれましたか？

よくない現場

- 注文した家の工事が始まり、毎週1回現場を見に行ったら、現場が汚くて、職人さんは挨拶をしてくれない、質問をしてもろくに答えてくれない……これでは嫌な気持ちになりませんか？
- 現場環境整備や安全管理、品質管理ができていても、現場のお客様対応がきちんとできていない建築会社は非常に多いのです。現場でのお客様対応を良くするには、研修でご挨拶やお辞儀、話し方を何度も練習し、その後職人さんの評価と再教育をする、というサイクルを何度も繰り返します。現場管理の中で、お客様対応を改善するのが一番難しいと言えます。
- そのお客様対応がきちんとできている会社は、社員や職人さんへの教育を継続的に行っている良い建築会社である可能性が高いのです。

郵 便 は が き

料金受取人払郵便

新宿局承認

4946

差出有効期間
平成31年7月
31日まで
（切手不要）

| 1 6 0 - 8 7 9 1 |

8 4 3

東京都新宿区新宿1－10－1

㈱文芸社

愛読者カード係 行

ふりがな お名前		明治　大正 昭和　平成	年生　歳
ふりがな ご住所		性別 男・女	
お電話 番　号 （書籍ご注文の際に必要です）		ご職業	
E-mail			

ご購読雑誌（複数可）　　　　　　　　　　ご購読新聞

新聞

最近読んでおもしろかった本や今後、とりあげてほしいテーマをお教えください。

ご自分の研究成果や経験、お考え等を出版してみたいというお気持ちはありますか。

ある　　　　ない　　　内容・テーマ（　　　　　　　　　　　　　　　　）

現在完成した作品をお持ちですか。

ある　　　　ない　　　ジャンル・原稿量（　　　　　　　　　　　　　）

書　名							
お買上 書　店	都道 府県	市区 郡	書店名				書店
			ご購入日	年	月	日	

本書をどこでお知りになりましたか?

1.書店店頭　2.知人にすすめられて　3.インターネット(サイト名　　　　　　)

4.DMハガキ　5.広告、記事を見て(新聞、雑誌名　　　　　　　　　　)

上の質問に関連して、ご購入の決め手となったのは?

1.タイトル　2.著者　3.内容　4.カバーデザイン　5.帯

その他ご自由にお書きください。

本書についてのご意見、ご感想をお聞かせください。

①内容について

②カバー、タイトル、帯について

弊社Webサイトからもご意見、ご感想をお寄せいただけます。

ご協力ありがとうございました。

※お寄せいただいたご意見、ご感想は新聞広告等で匿名にて使わせていただくことがあります。

※お客様の個人情報は、小社からの連絡のみに使用します。社外に提供することは一切ありません。

■書籍のご注文は、お近くの書店または、ブックサービス(☎0120-29-9625)

セブンネットショッピング(http://7net.omni7.jp/)にお申し込み下さい。

良い現場(一流)

写真提供:**株式会社いのうえ工務店**(埼玉)

- この建築会社では、お客様が声をかけたら、玄関まで出てきてご挨拶をして、スリッパを出してくれます。そして、現在やっている工事の内容や、工事上で注意している点などを説明し、お客様が疑問に思っていることがないか大工さんの方から聞いてくれ、質問すればわかりやすく答えて、帰り際にはまたご挨拶をして見送ってくれます。(写真①②③)
- 良い家づくりを目指している建築会社は、職人さんにお客様への接し方を教えています。あまりおしゃべりが得意ではない寡黙なタイプの職人さんもいますから、営業マンのように流暢なトークとは言えないかもしれませんが、お客様に安心していただくために、できる限り丁寧に対応をしてくれるはずです。

中級編⑤ マナー3

中級編⑥　安全管理1

職人さんはヘルメットを被っていますか？

よくない現場

- 現場の職人さんがヘルメットを被らないで作業をしています。
- 労働安全衛生法で、「高さ2メートル以上の高所作業ではヘルメットを着用すること」と規定されています。
- 厚生労働省の調査（2014年）によると、建築業界の死亡者数は年間174人。その中でも従業員29人以下の中小零細建築会社が死亡者数全体の86パーセントを占めています。

チェックポイント　もし、あなたが注文した家の現場で、重傷事故や死亡事故が発生したら、どんな思いがするでしょう。ヘルメットを被らないような建築会社を選んではいけません。

良い現場（一流）

写真提供：大仁産業株式会社ココロホーム（熊本）

- 高所作業や危険箇所での作業時、現場の職人さんがヘルメットを被って、きちんとあごヒモを締めています。
- ヘルメットを被ってもあごヒモを締めない職人さんをときどき見かけますが、これはダメです。以前、建築業界の知り合いが現場から墜落したときに、被っていたヘルメットのあごヒモを締めていなかったため、ヘルメットが外れて土間コンクリートに頭を打って亡くなってしまいました。

チェックポイント　ヘルメットを被り、あごヒモを締めるのは、安全管理の基本中の基本です。現場を見るときは、必ず職人さんのヘルメットのあごヒモまでチェックしましょう。

中級編⑦　安全管理2

転落防止用ネットは張られていますか？

よくない現場

- 家の骨組みは1本1本の材木（柱や梁など）をクレーン車で吊り上げ、現場で大工さんが受け取って組み立てていきます。この現場では転落防止用ネットを設置していないので、骨組みを組み立てているときに誤って転落すると、骨折などの重傷事故や、頭を打って亡くなる死亡事故につながります。
- また、この職人さんはヘルメットを被っていません。

※ただし、骨組みを組み立てるとき、同時に床合板を敷く場合は、床がネットの代わりになってくれるので転落防止用ネットは不要です。

良い現場(一流)

写真提供:株式会社モリシタ・アット・ホーム(兵庫)

- 2階の天井上の骨組みを組み立てているところ。骨組みの工事で一番危険な仕事です。
- 屋根の一番高いところに大工さんが乗って作業をしているときにバランスを崩すと、下に転落します。しかし、転落防止用ネット(床合板でも可)がしっかり設置されているこの現場では、転落してもネットが受け止めてくれるので安心です。

> **チェックポイント**
> 人の命は何ものにも代え難い大切なものです。「絶対事故を起こさない」という方針で安全管理に取り組んでいる建築会社を選びましょう。

中級編⑧　安全管理3

足場はしっかり組まれていますか?

よくない現場

点線内にも足場が必要

- 足場は屋根の先端から85センチ上の高さまで組むことが法律で義務づけられています。
- この現場は、赤点線枠のところに足場がありません。これでは2階の屋根から転落する危険性があります。

チェックポイント　2階の屋根から転落すると、重傷事故、死亡事故につながる可能性が高いので、この部分に足場があるかどうか、しっかり確認しましょう。

第2部　安心できる建築会社の選び方

良い現場（一流）

写真提供：ヤマサハウス株式会社（鹿児島）

● この現場は、1階の屋根の上に足場を組み、2階の屋根の先端から85センチ上の高さまで足場を組んでいるので、2階の屋根からの墜落を防止できますし、2階の外壁工事も安心して行えます。

> **チェックポイント**　人の命は何ものにも代え難い大切なものです。「絶対事故を起こさない」という方針で安全管理に取り組んでいる建築会社を選びましょう。

中級編⑧　安全管理3

上級編① 品質管理6

ベタ基礎の土間の厚さは15センチありますか?

よくない現場

- ベタ基礎の土間（底の部分）は、建物全体の荷重を地盤に伝える重要な役目をしていますので、設計図面で指定されている土間の厚みが150ミリ確保されていないといけません。
- 上の写真は、工事中雨が降った場合、雨水を基礎の下に抜くためにコンクリートに開けた穴です。
- その穴で土間の厚さを計測したところ150ミリのところ130ミリしかありません。基礎業者は材料のコンクリートをできるだけ少なくして、利益を出そうとしているので、このような手抜き工事が発生します。

チェックポイント 建築会社は、基礎業者にまかせっきりで品質管理（検査）をしていません。だからこのような手抜き工事につながるのです。

第2部　安心できる建築会社の選び方

良い現場（一流）

写真提供：ロイヤルホーム株式会社、
　　　　　株式会社国分ハウジング（鹿児島）

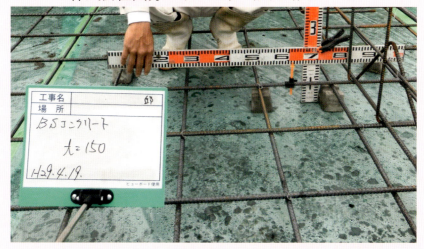

- 上の写真は、土間の厚さ150ミリを確保するためのゲージを写しています。オレンジ色のゲージが約2メートル間隔で設置されています。
- 土間コンクリートを打設した後で、コンクリートが固まってもゲージの上に「プラスチックのヒゲみたいなもの」が出ているので、土間の厚みが確保されていることがわかります。とても安心です。

> **チェックポイント**
>
> 適正な品質管理をしている会社は、このように品質を確保するために万全の工事をしています。品質を確保した証拠写真も検査報告書に残していますので安心です。見えないところもきちんと工事をしている建築会社を選んでください。「超一流を目指す研究会」のホームページをご覧頂くと適正な品質の基礎工事がわかります。

上級編①　品質管理6

上級編② 品質管理7

ベタ基礎土間と立ち上がり部の接続面の処理は適正ですか？

よくない現場

- ベタ基礎は、土間（底の部分）と立ち上がり部（垂直の部分・壁が乗るところ）に分けてコンクリートを打設します。コンクリートが固まりかけてくると表面にレイタンスという白っぽい粉みたいなものが現れます。
- レイタンスとは、コンクリート中のセメントの微粒子が、コンクリート中の水とともにコンクリートの上面に上昇して堆積した、多孔質で脆弱な泥膜層のことです。
- 土間コンクリート表面にレイタンスが存在する状態で、立ち上がりコンクリートを打ち継ぐと、接続部の付着性が悪くなるのでレイタンスを取り除く必要があります。

チェックポイント 現実には、このレイタンスを取り除かない会社がほとんど（約90パーセント）です。右ページのような丁寧な会社を選んでください。

第 2 部　安心できる建築会社の選び方

良い現場（一流）

写真提供：株式会社丸山工務店（東京）

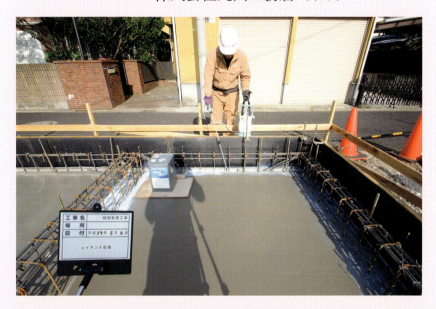

- 上の写真は、土間コンクリートと立ち上がりコンクリートの接続部に打継処理剤を散布し、コンクリート表面に特殊合成樹種エマルション含侵層を形成、レイタンスの浮き上がりを抑えます。
- レイタンスが無いので、土間と立ち上がり部の付着性が良くなります。
- レイタンスがあると以下のような欠点があります。
① 接続部の付着性が悪い（耐久性が劣る）。
② 接続部に隙間ができ、シロアリや湿気の進入路となる。

チェックポイント　家は何十年も住みますので、特に見えなくなってしまう構造上重要な部分をきちんと施工している会社を選んでください（費用が少し多めにかかっても、長い目で見たらそのほうがお得です）。

上級編② 品質管理 7

上級編③　品質管理 8

鉄筋の「かぶり厚さ」が不足していませんか?

よくない現場

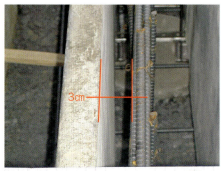

拡大写真

- 鉄筋コンクリートは、鉄筋をアルカリ性のコンクリートで覆うことによって、鉄筋が錆びる（酸化する）のを防いでいます。
- 鉄筋は錆びると体積が大きくなり、周囲のコンクリートを圧迫してひび割れを発生させます。鉄筋が錆びたり、コンクリートが大きくひび割れたりすると、著しく耐久性が低下します。
- 鉄筋のかぶり厚さとは、鉄筋の表面とこれを覆うコンクリートの表面までの最短距離のことで、建築基準法で4センチ以上と定められていますが、上の写真では3センチしかありません。
- コンクリートが空気中の二酸化炭素や酸性雨に触れて徐々に中性化したり、コンクリートのひび割れから水が浸入すると、中の鉄筋が錆びます。それを防ぐには鉄筋のかぶり厚さを十分確保することが重要です。

第2部 安心できる建築会社の選び方

良い現場（一流）

写真提供：西和不動産販売株式会社（滋賀）

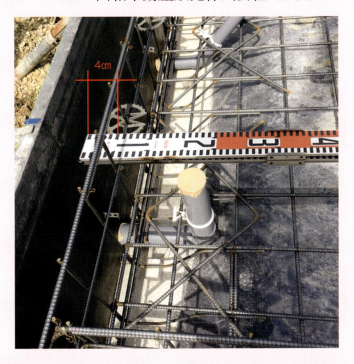

- きちんとかぶり厚さを確保している会社の施工写真です。正しくかぶり厚さ（4センチ以上）を確保するためにドーナツ型のスペーサー（グレーの円形の物）を用いています。これだと誰が見ても、十分なかぶり厚さ（4センチ）が確保されていることが一目でわかります。

※写真のスケールは1目盛りが1センチです。

チェックポイント　かぶり厚さが不足していると、鉄筋が錆びやすくなり、基礎の寿命が短くなります。建物の構造的に重要なところをこのようにきちんと施工して、検査チェックシートや検査写真の履歴を残している会社を選びましょう。

上級編③　品質管理8

101

上級編④　品質管理9

アンカーボルトは正しく施工されていますか？

よくない現場

拡大写真

- アンカーボルトとは、建物の基礎と土台をつなぐ構造上重要な部品で、重量のある金属の棒のことです。基礎工事時にコンクリートの立ち上がり部分に設置します。(82、83ページ参照)
- この現場では、立ち上がり部分にコンクリートを流し込みながら、ドロドロの状態のコンクリートにアンカーボルトを埋め込んでいます。そのため、アンカーボルトが傾いたり、コンクリートの中に深く沈みすぎたり、正しい位置からずれてしまったりしています。
- この状態では大きな地震がきたら、アンカーボルトがコンクリートから飛び出してしまう可能性が非常に高く、危険です。

第2部　安心できる建築会社の選び方

良い現場（一流）

写真提供：西和不動産販売株式会社（滋賀）

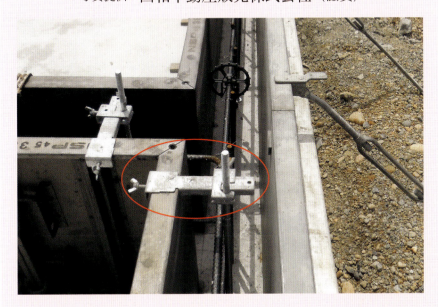

- 写真の現場は、専用治具金物（赤線で囲まれてる部分）を利用してアンカーボルトを正しく施工しています。
- アンカーボルトの正しい施工手順は以下の通りです。
① 基礎工事時、立ち上がり部分にコンクリートを流し込む前に専用治具金物を適切な場所に設置する。
② 専用治具金物を使ってアンカーボルトを適切な場所に設置する。
③ 立ち上がり部分にコンクリートを流し込む。
- 専用治具金物を使用すると、アンカーボルトを正しい高さ、位置、角度で設置することができます。

チェックポイント　この工程を現場で見るのは難しいので、検査チェックシートや検査写真の履歴が残されているか聞いてみてください。

上級編④　品質管理9

103

上級編⑤ 品質管理 10

基礎のコンクリート強度は季節に応じ適正ですか?

よくない現場

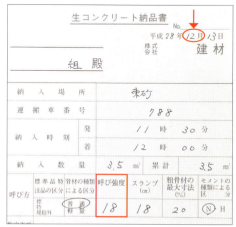

- 建築会社の技術力が低い
- 現場監督の知識不足
- 基礎業者の知識不足

※このような会社はたくさんあります。

- 建築会社の技術力が低い、現場監督や基礎業者の知識不足。このような会社はたくさんあります。
- 木造2階建の基礎コンクリート「設計強度」は18N/mm^{2}または21N/mm^{2}とされています。
- コンクリートの固まり方(強さ)は外気温に大きく影響され、外気温が寒いほど強度が出るのが遅くなります。
- コンクリートを打設してから、28日目までの外気温が3℃以上8℃未満で推移する時期(冬)は、設計強度に6N/mm^{2}を足したコンクリートを打設しないと設計強度の18N/mm^{2}または21N/mm^{2}が出ません。
- 上の写真は12月ですが、コンクリート納入書に記載されている強度は18N/mm^{2}です。すごく強度の弱いコンクリートとなります。
- もう一つ問題があります。この納入書にはJIS規格(日本工業規格)がありません。JIS規格の認定を受けていないコンクリート工場から出荷された粗悪なコンクリートです。

第２部　安心できる建築会社の選び方

良い現場（一流）

写真提供：株式会社丸山工務店（東京）

日本工業規格表示認証取得工場 （JIS） MA0307003	レディーミクストコンクリート受領書	No		
	2016年 12 月 22 日		株式会社	生コン
	組　　殿			

納入場所	東砂						
運搬車番号		888			前車番号：		
納入時刻	発	12 時 25 分		着	/3 時 〇〇分		
納入容積		3.50 m³	累　計	1 台	3.50 m³		

呼 び 方	コンクリートの種類による記号	呼 び 強 度	スランプ又はスランプフロー (cm)	粗骨材の最大寸法 (mm)	セメントの種類による記号
	普通	30	18	20	N

配合表 (kg/m³)	セメント	混和材①	混和材②	水	細骨材①	細骨材②	細骨材③	粗骨材①	粗骨材②	粗骨材③	粗骨材④	混和剤①	混和剤②	混和剤
	376	―	―	184	730			1000				―	―	3.76

水セメント比	49.0 %	水結合材比	― %	細骨材率	43.4 %	スラッジ固形分率	― %
回収骨材置換率	細骨材		粗骨材				

備　考 配合の種別：☑標準配合　　□修正標準配合　　□計量読取記録から算出した単位量
　　　　　　　　　□計量印字記録から算出した単位量　　□計量印字記録から自動算出した単位量

残水確認	✓		
荷受職員認印	てつん	出荷係認印	日野

●上の写真は、コンクリート打設時期が12月です。

●この会社の基礎コンクリート「設計強度」は21N/mm²と指定されています。基礎工事の時期が冬季ですので、設計強度に6N/mm²以上を足したコンクリート30N/mm²が現場に納品されています。

●コンクリートの納入書は全枚数、会社の「検査報告書」に保管されています。きちんとした工事をしているのでとても安心です。

チェックポイント　基礎は建物全体を支える重要な構造体ですので、信頼できる建築会社を選んでください。検討している建築会社を訪問して、適正な品質の工事をしている証拠を確認することをお勧めします。

上級編⑤　品質管理10

上級編⑥ 品質管理11

基礎のコンクリート流し込み後の型枠の存置期間は適切ですか？

よくない現場

❶

❷

- 写真①は、基礎の立ち上がり部のコンクリートを打設したところです。コンクリートの外・両側に型枠を組んでコンクリートを流し込みます。
- この型枠をつけておく期間は建築基準法施行令で決められており、平均気温15℃以上の場合3日、15℃未満5℃以上の場合5日、5℃未満の場合8日です。気温が低いとコンクリートの硬化が遅くなるので、型枠をつけておく期間も長くなります。
- 型枠をつけておく期間が長いと次の現場で使えないので、法令を破って早く型枠を外してしまうケースが散見されます。
- 写真②は夏季撮影したものですが、コンクリート打設後表面をシートで囲っていないので、急激な乾燥によりコンクリートがひび割れています。

良い現場（一流）

写真提供：株式会社丸山工務店（東京）

- 直射日光や風によりコンクリートが急激に乾燥すると、ひび割れが発生し、コンクリートの耐久性が低下します。
- 上の写真の会社では、5月から9月までの気温の高い時期はコンクリート打設後表面を散水し、さらにシートで囲いコンクリートのひび割れを防止しています。
- コンクリートの表面をシートで囲うことは、雨天時の雨水侵入による強度低下防止、冬場のコンクリート凍結による強度低下を防止できます。とても丁寧な仕事をしていますので安心です。
- コンクリートは、セメント・砂・砂利・水を工場で練り混ぜミキサー車で運搬し現場に流し込みます。コンクリートは、セメントと水が反応（水和作用）して徐々に固まっていきます。「夏場散水しない・シートで囲わない・型枠を早く取り外す」などは、コンクリートの中の水分を減少させ、ひび割れ発生や強度低下につながりますので、絶対にしてはいけないことです。

上級編⑦　品質管理12

コンクリートの表面は平らになっていますか？

よくない現場

拡大写真

- コンクリートの一部に砂利がかたまってしまい、その周辺に大きな隙間ができている状態です。これは「ジャンカ」と呼ばれる、コンクリートの欠陥の事例です。
- ジャンカの状態ではコンクリートがスカスカなので、強度が通常の半分以下になります。また、鉄筋コンクリートの場合では、鉄筋を覆うアルカリ性のコンクリートが隙間だらけだと、中の鉄筋が早く錆びてしまうので、耐久性が低下します。
- ジャンカの発生原因は、①コンクリート流し込み時の材料分離　②コンクリートの締め固め不足（締め固めとは、バイブレーターという工具でコンクリートに振動を加え、余分な空気を抜きながら材料を混ぜる作業）　③型枠からのセメントペースト漏れなどがありますが、中でも②の締め固め不足によるものが多いので、丁寧に締め固めをしているかどうか確認してください。

良い現場（一流）

写真提供：和(かのう)建設株式会社（高知）

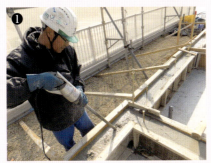

- ジャンカのないコンクリートをつくるには、丁寧に締め固め作業を行う必要があります。この現場では、2回締め固めを行っています。
- 写真①　コンクリートを流し込むときに、バイブレーターでゆっくり丁寧に空気を抜きながら1回目の締め固めを行っています。
- 写真②　コンクリートを流し込み終わったあとに、バイブレーターで2回目の締め固めを行っています。

チェックポイント　コンクリートの一部に砂利が固まってしまうジャンカは、コンクリートの強度を損なうため、コンクリートがスカスカ（隙間）していないことを確認しましょう。

上級編⑧　品質管理 13

コンクリートの表面に穴がたくさんあいていませんか？

よくない現場

- 写真は基礎のコンクリート部分ですが、表面がツルツルでなく、小さな穴がたくさんあいています。
- この現象は、コンクリートを流し込むときに多量の空気を巻き込んだために生じたもので、入念な締め固めを行って気泡を取り除いていれば防げたものです。
- この状態だと、コンクリートの強度が低下したり、中の鉄筋が錆びる（酸化する）可能性が非常に高くなります。

良い現場（一流）

写真提供：和建設株式会社（高知）

- コンクリートを流し込む際に、ゆっくり丁寧に締め固めて気泡を取り除き、さらに2回目の締め固めを行えば、穴ぼこだらけのコンクリートにはなりません。
- 1回目の締め固めを丁寧に行い、さらに2回目の締め固めをしたコンクリートの表面はツルツルしていて、見た目も美しい仕上がりになります。また、コンクリート本来の強度も十分保てます。
- 基礎完成時の仕上がり具合を見れば、その建築会社の技術、施工管理能力が判別できると言えます。

チェックポイント　コンクリートの表面は現場でチェックできるので、たくさん穴があいていないか確認してみましょう。

上級編⑧　品質管理13

上級編⑨　品質管理 14

アンカーボルトを入れ忘れていませんか？

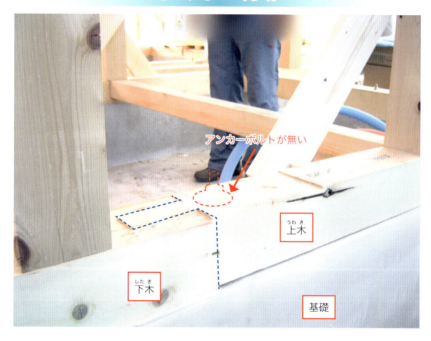
よくない現場

- 土台（基礎の上に水平に固定される角材）は、木造建築の骨組みの一番下の部分で、建物の荷重を基礎部分に伝えます。
- 土台と基礎をつないで固定するのは、基礎工事時にコンクリートの立ち上がり部分（82、83ページ参照）に設置するアンカーボルト（102、103ページ参照）ですが、この現場ではアンカーボルトを入れ忘れています。
- 写真の青点線部分は土台同士のつなぎ目で、必ずアンカーボルトが必要なのですが、この現場ではアンカーボルトが入っていないので、右側の土台（上木）が固定されず浮き上がっています。これでは大きな地震があったときに土台が基礎から外れてしまいます。

第2部　安心できる建築会社の選び方

良い現場（一流）

写真提供：株式会社いのうえ工務店（埼玉）

- 建物の幅が4メートルを超える場合、土台は2本の木材をつなぎ合わせます。土台の木材のつなぎ目は、地震などで大きな力が加わったときに外れやすいので、アンカーボルトでしっかり基礎部分と固定することが重要です。
- 土台の木材には、上木（うわき）と下木（したき）の2種類があります。土台のつなぎ目では下木を下にし、上木で下木を押さえつけるようにつなぎ、上木側からアンカーボルトで固定します。
- アンカーボルトは必ず、下木を押さえつける上木側になければなりません。上の写真は正しい事例です。

※写真のスケールは1目盛りが1センチです。

上級編⑨　品質管理14

113

上級編⑩　品質管理15

アンカーボルトは正しい位置に施工されていますか?

よくない現場

- 材料のつなぎ目部分はどのような材料(木・鉄骨・その他)でも、構造的に一番弱い部分です。土台のつなぎ目のアンカーボルトは必ず、上木側で、つなぎ目から10センチから15センチくらい離れた位置に設置するように規定されています。
- 上の写真は土台のつなぎ目部分の写真で、アンカーボルトの位置が間違っています。つなぎ目からもっと離さないといけません。
- さらにこの場合、アンカーボルトがナットから上に出すぎです。ナットの上に3ミリくらい出るのが正しい施工ですが、写真は20ミリほど出ているので、その分、基礎の中に埋め込まれている寸法が短いことになり、基礎と土台がしっかり固定できていません。

第2部　安心できる建築会社の選び方

良い現場（一流）

写真提供：株式会社いのうえ工務店（埼玉）

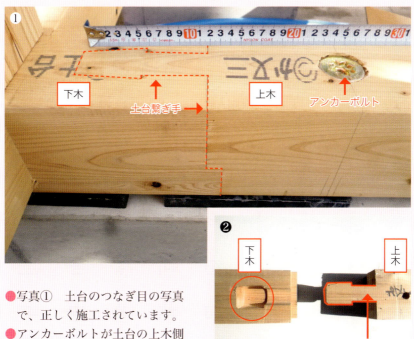

- 写真①　土台のつなぎ目の写真で、正しく施工されています。
- アンカーボルトが土台の上木側にあり、土台のつなぎ目から12センチ離れています。
- 写真②　土台のつなぎ目の仕組みをわかりやすくするため、上木と下木をつなぐ前の状態を撮影したものです。材木のつなぎ目はこのように地震などで大きな力が加わっても抜けないように加工されています。写真の赤線で囲われた部分をホゾと呼びますが、このホゾが下木に組まれることで抜けないようになります。ホゾの根本（赤矢印先端）にアンカーボルトがくると、土台が断面欠損して大きな地震に耐えられなくなります。

※写真のスケールは1目盛りが1センチです。

上級編⑩　品質管理 15

115

上級編⑪　品質管理 16

基礎工事のまとめ

よくない現場

基礎工事について、これまで説明してきた「よくない現場」の情報を以下にまとめます。現場見学の際に参考にしてください。

- 工事用廃水を適切に処理していない
- 土台の上を土足で作業している
- ベタ基礎の土間の厚さが不足している
- 作業の都度掃除をしていない
- 土間の厚みを15センチ確保していない
- コンクリート接続部のレイタンス（白っぽい粉）を取り除いていない
- 鉄筋のかぶり厚さが不足している
- アンカーボルトが正しく施工されていない
- 基礎コンクリートの強度が季節に応じていない
- 基礎のコンクリート流し込み後の型枠の存置期間が短い

チェックポイント
大事な家を、このような三流の建築会社に頼んではいけません。家は長く住むものです。このような建築会社でつくられた家では、住んでいるうちにさまざまな問題が発生する可能性があり、大変危険です。

基礎は建物を支える重要な部分です。

よくない現場と一流の現場はこれだけ違います！

良い現場（一流）

左ページとは逆に、基礎工事について、これまで説明してきた「良い現場（一流）」の情報を以下にまとめます。現場見学の際に参考にしてください。

●工事用廃水を適切に処理している
●基礎工事後完璧に掃除し、その後は土足厳禁にしている
●ベタ基礎の土間の厚さが正確に確保されている（証拠あり）
●作業の都度、掃除をしている
●土間の厚みを15センチ確保している
●コンクリート接続部のレイタンスを取り除いている
●鉄筋のかぶり厚さを確保している
●アンカーボルトが正しく施工されている
●季節に応じてコンクリート強度を変えている
●コンクリートにひび割れができないように丁寧に作業している

チェックポイント 見えない部分もしっかり工事をしてくれる一流の建築会社に頼むと、あなたの家づくりは成功します。

何十年も安心して住むために、信頼できる会社を選んでください。

上級編⑫　品質管理17

屋根と外壁の接続部分にしっかり防水処置が施されていますか？

よくない現場

※4ページ立面図B参照

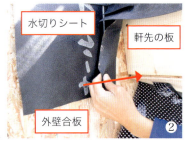

※4ページ立面図B参照

- 写真①は1階の屋根と外壁の接するところです。防水紙が破れ、防水紙の下の木材が見えています（指の間）。また、水切りシートも貼られていません。
- 写真②は、軒先の板が外壁合板にぴったりとついているため、防水紙と水切りシートが軒先の板と外壁合板の間に入りません。軒先の板と外壁合板との間を5ミリほどあけ、そこに防水紙と水切りシートを差し込むのが正しい施工法です。
- 屋根と外壁が接する部分は特に雨漏りしやすいので、防水紙と水切りシートを適切に取りつけ、二重防水にしておかないと、建物引き渡し後、約10年で外壁板のシーリング（外壁板とサッシの隙間を埋めるもの）が切れたときに雨漏りします。

良い現場（一流）

写真提供：株式会社モリシタ・アット・ホーム（兵庫）

← 水切りシート
← 防水紙

軒先の板
← 水切りシート

- 住宅の施工品質で最も重要なことは、雨漏りしない家をつくることです。「住宅の品質確保の促進などに関する法律」によると、新築住宅の引き渡し後10年間の瑕疵（欠陥）保証責任が義務付けられました。
- 上の写真は、水切りシート（黒色）がきちんと貼られ、水切りシートの下には防水紙（白色）が貼られています。
- 下の写真は、軒先板の下にきちんと水切りシート（グレー部分＋赤点線部分）が差し込まれています。
- 屋根と外壁の接続部分は外壁で一番雨漏りしやすいところですが、上下どちらの家も、水切りシートと防水紙が適切に設置されていますので、建物引き渡し後約10年で外壁板のシーリングが切れても雨漏りしません。

上級編⑫　品質管理 17

上級編⑬　品質管理 18

水切り板金は取りつけられていますか?

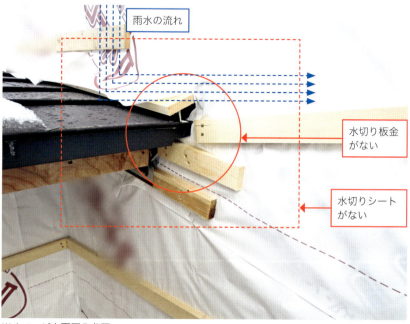

※4ページ立面図B参照

- 1階の屋根と外壁の接するところの写真です。まず、前ページで解説した、水切りシートが施工されていません（写真の赤点線部分）。また、この写真の赤丸部には「水切り板金（右ページ左写真）」を取りつけないといけないのですが、この現場は取りつけていません。
- 水切り板金の役割は、大雨のときに屋根から大量に流れ落ちてくる雨水の方向を変えて雨樋に流すことです。この水切り板金がないと、雨水の流れが変わらずにそのまま外壁にぶつかり、そこから浸水する恐れがあります。
- 1階の屋根と外壁の接する部分では水切りシートと水切り板金がとても重要ですが、施工しない会社がたくさんあります。

第2部 安心できる建築会社の選び方

良い現場（一流）

写真提供：株式会社モリシタ・アット・ホーム（兵庫）

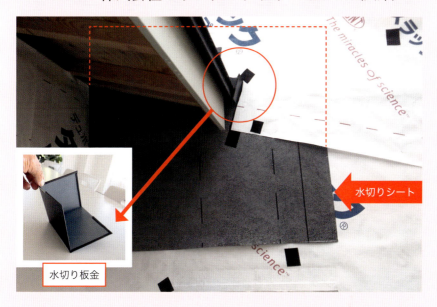

水切りシート

水切り板金

- 1階の屋根と外壁の接するところの写真です。屋根と壁の接続面には化粧の鉄板（黒い横長の鉄板）が取りつけられており、大雨時は屋根から流れ落ちてきた大量の雨水がここを通ります。さらに、屋根の先端に取りつけられている水切り板金（赤丸部分）が、屋根面から大量に流れてきた雨水の流れを変えて、雨樋に流します。
- この水切り板金がないと大雨のときに外壁の中に雨水が浸入し、10年くらいで雨漏りします。あるリフォーム会社に聞いたところ、外壁の雨漏りでは、水切りシートと水切り板金がないためにこの部位が腐っている事例が一番多いそうです。

> **チェックポイント** 1階の屋根と外壁の接する部分に防水紙、水切りシート、水切り板金がきちんと設置されているか確認しましょう。

上級編⑬ 品質管理 18

121

上級編⑭　品質管理 19

窓まわりにしっかり防水処置が施されていますか？

よくない現場

- 写真①は、サッシまわりの防水紙の施工状況です。赤丸印のところは、防水紙がしっかりと接着されておらず、はがれています。また水切りシートも貼られていません。これでは防水紙のはがれた部分から雨漏りします。
- 写真②は、サッシの角部分に防水紙の隙間があります。また、水切りシートも貼られていません。完成後10年くらいで外壁板のシーリングが切れると、ここから雨漏りします。
- サッシまわりは、大雨時に大量の雨水が流れ落ちますので、雨水が浸入しないよう厳重に防水処置をする必要があります。
- 写真③はサッシまわりのシーリングを施工しているところです。このシーリングはどんなに丁寧に施工しても完成後約10年で切れてしまうものです。

第2部　安心できる建築会社の選び方

良い現場（一流）

写真提供：上：株式会社アート・宙（三重）
　　　　　下：共和土木株式会社、共和ホーム（富山）

サッシ取りつけ前
水切りシート

サッシ取りつけ後
水切りシート

- 上の写真は、サッシまわりの防水紙の正しい施工状況です。サッシを取りつける前に、防水紙と水切りシートを取りつけて二重防水処置をしています。これなら外壁板のシーリングが切れても雨漏りしません。
- 昔の家は外壁が隙間だらけでしたので、壁から雨漏りしてもすぐに乾いていましたが、現在の家は隙間がないので、雨漏りすると水が乾かず、内部構造が腐ったり、錆びてしまう可能性が高いので、防水処置をしっかり行うことが重要です。

チェックポイント　サッシまわりは、防水紙と水切りシートの二重防水になっていますか？　防水工事の検査チェックシートや検査写真の履歴はありますか？　確認してみましょう。

上級編⑭　品質管理19

123

上級編⑮　品質管理20

軒天井の防水工事は万全ですか？

よくない現場

※4ページ立面図E参照（寄棟屋根）

※4ページ立面図D参照（切妻屋根）

※寄棟屋根・切妻屋根の形状は4ページ参照

- 上下とも、家の外の軒天井部分の写真です。
- 上の写真は、寄棟屋根の軒天井部分。天井材付近に防水紙がしっかり貼られておらず、隙間があいています。引き渡し後10年くらいでシーリングが切れると、台風などで暴風雨が吹き荒れているときに雨漏りします。
- 下の写真は、切妻屋根の軒天井部分です。この部分は台風のとき、特に強く雨風が当たります。屋根の母屋材（赤線で囲った木材）まわりの防水シートが防水テープでしっかりと貼られていないため、隙間があいている（赤丸部分）ので10年後くらいに、シーリングが切れたら雨漏りします。

チェックポイント
①軒天井部分の防水工事は適切に行われていますか？
②防水工事の検査チェックシートや検査写真の履歴はありますか？
この2点ができている建築会社を選びましょう。

良い現場（一流）

写真提供：上：正栄産業株式会社（富山）
　　　　　下：株式会社アート・宙（三重）

- 上の写真は、寄棟屋根の軒天井部分です。外壁の防水紙の上部が10センチ軒天井裏に折り曲げられています（赤線部分）。左ページの上の写真のように軒天井付近の防水紙に隙間がないので雨漏りしません。
- 下の写真は、切妻屋根の母屋材まわりの防水シートを防水テープできちんと隙間なく貼っているので雨漏りしません。
- 住宅の施工品質で最も重要なことは、雨漏りしない家をつくることです。「住宅の品質確保の促進などに関する法律」によると、「10年は雨漏りしないこと」と定められています。
- 残念ながら、この部分の防水処置をきちんとしている建築会社は、非常に少ないのが現実で、地域特性に応じた施工が必要です。

上級編⑯　品質管理 21

外壁の通気性は確保されていますか?

よくない現場

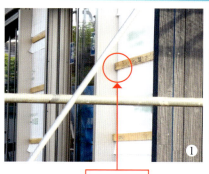
①
隙間がない

②

- 木造住宅の外壁内部に室内から湿気が浸入したり、外壁から雨水が浸入した際に、その出口がないと、壁内の木材が腐って建物の耐久性を低下させたり、室内側の石膏ボードの裏面からカビが発生する可能性があります。
- それを防ぐために通気工法では、風を通すくぼみがある通気胴縁を取りつけ、湿気や雨水を外に逃がすのですが、写真①②では通気胴縁が適切に取りつけられていません。
- 写真①はサッシと通気胴縁の間（赤丸部分）に隙間がないため、湿気と雨水が通れません。写真②は、通気胴縁の取りつけが表裏逆になっているので、雨水が胴縁の上に溜まってしまいます。（右ページの②が正しい施工）

チェックポイント　簡単なようですが、通気胴縁が正しく施工されていない現場が多いので、現場でしっかり確認するか、検査チェックシートや検査写真の履歴があるか聞いてみてください。

良い現場（一流）

写真提供：株式会社水元工務店（福井）

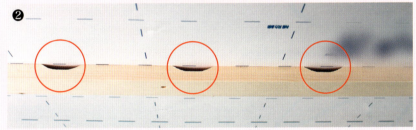

- 写真①　窓まわりの通気胴縁の正しい設置状況です。サッシと胴縁の間が約3センチあいているので（赤丸部分）、十分湿気や雨水が通れます。
- 写真②　通気胴縁の表裏が正しく設置されています。通気の穴が室内側になっているので、外壁内からの湿気や雨水がここを通って外に出られます。
- 外壁の仕上げ材などにより通気の採り方は異なりますが、外壁の通気層の確保は壁体内の結露対策として湿気を逃すために重要です。

上級編⑰　品質管理22

バルコニーまわりの防水工事は万全ですか?

よくない現場

×二重防水になっていない

※4ページ立面図C参照

※4ページ立面図C参照

- 上下ともバルコニーの写真です。どちらの現場でも、防水紙が1枚しか貼られていません。
- バルコニーの手すりの上には、アルミ製のカバーをビスで留めつけます。ビスまわりの穴から雨水が浸入し壁が腐ってしまうのを防ぐため（131ページの欠陥写真参照）、ここは本来、防水紙の上に、右ページの上の写真のように、厚手の防水紙を重ねなければいけません。
- 下の写真は、バルコニーと外壁の接合部分。防水紙を粗雑にガムテープで留めているだけです。これでは雨水が浸入してしまいます。

第2部　安心できる建築会社の選び方

良い現場（一流）

写真提供：**株式会社いのうえ工務店**（埼玉）

〇 **二重防水になっている**

※4ページ立面図C参照

※4ページ立面図C参照

- 上の写真は、バルコニーの手すりの上を、防水紙（白い部分）と厚手の防水紙（黒い部分）で二重に施工しています。この上にアルミ製のカバーをビスで留めつけると、厚手の防水紙がビスの穴を締めつけるので、隙間が埋まりビス穴から雨水が浸入するのを防げます。
- 下の写真は、バルコニーと外壁の接合部分。防水紙（白）の上に防水テープ（黒）をしっかりと貼り、隙間をなくしています。

チェックポイント　住宅の防水施工品質を確保するには、さまざまなコストがかかりますが、永く住む家を建てるなら少々高くても、丁寧に防水工事を行っている会社を選びましょう。

上級編⑰　品質管理22

上級編⑱　品質管理 23

雨漏りの事例

よくない現場

※4ページ立面図B参照

- 外壁から雨漏りして、天井にカビがはえた欠陥事例です。
- 上の写真は、1階の屋根と外壁が接続する部分に水切りシートを施工していない手抜き工事で、この部分から雨が浸入し、天井にカビがはえています。
- 雨漏りすると、木造の家では、木が腐って構造強度が低下します。また、カビが発生し、人体に悪い影響を与えます。鉄骨や鉄筋コンクリートの家では、鉄部分が錆びて構造強度が低下します。
- 生活している家で雨漏りを修理することはとても大変で、精神的にも疲れます。検討している建築会社の現場をよく見て、防水工事が丁寧がどうか確認してください。

よくない現場

※4ページ立面図E参照

雨漏り

※4ページ立面図C参照

雨漏り

- 上の写真は軒天井の防水処置が悪い手抜き工事のせいで、外壁から雨漏りした事例です。このような雨漏りの場合、室内の壁紙にシミができ、木部は腐ってしまいます。
- 下の写真はバルコニーの腰壁です。外壁との接合部分の防水処置が悪い手抜き工事のせいで、雨漏りして、カビがはえ、木部が腐っています。
- 鉄骨造りの建物解体現場を何度か見たことがありますが、構造の鉄部（柱・梁）が雨漏りで錆びて、ぼろぼろになっていました。このように雨漏りは、生活に支障をきたすだけでなく、建物の耐久性を著しく低下させるので、雨漏りが起きないように厳重に防水工事をしている会社を選んでください。

上級編⑲　品質管理 24

壁断熱材に隙間はありませんか?

よくない現場

天井
壁最上部

窓下

- 上は室内の壁最上部の写真で、断熱材上部に隙間があります。これは断熱材を壁に留めつけるときに、断熱材を壁の上まで押し込んでいないのが原因です。
- 下は室内の窓下の写真で、こちらも断熱材に隙間があります。これは断熱材を正しい寸法に切断していないためです。
- 現場で切断する綿状の断熱材は、丁寧に施工しないとこのように隙間ができてしまいます。
- 断熱材に隙間があると室内の熱が外に逃げるので、冷暖房の効率が落ち、無駄なエネルギーを使うことになります。また冬は壁の中で結露が発生して、木は腐り、鉄は錆びるので家の耐久性が著しく低下します。

第2部　安心できる建築会社の選び方

良い現場（一流）

写真提供：株式会社坂井建設（大分）

- 壁の断熱材の写真です。隙間ができるのは壁の上部・窓まわり（矢印部分）が多いのですが、この家には隙間がありません。断熱材を施工するときに、まず断熱材を入れる部分の寸法を正確に計測し、その寸法に合わせて断熱材を切断して取りつけると、このように隙間なく断熱材を入れることができます。
- 断熱、気密の施工にはさまざまな構法があり、地域特性や構造に見合う施工がされているか確認することが最も重要です。

チェックポイント　断熱材の工事中に見学ができる場合は壁の断熱材が隙間なく入っていることを確認し、工事中に見られない場合は検査チェックシートや検査写真の履歴が残されているか聞いてみてください。

上級編⑲　品質管理24

133

上級編⑳　品質管理 25

天井断熱材に隙間はありませんか？①

よくない現場

天井
間仕切り壁

- 上の写真では、部屋を仕切る間仕切り壁の上部に断熱材が入っていないため、ここから熱が逃げてしまいます。
- 下の写真では、天井の断熱材に隙間ができているので、ここから熱が逃げてしまいます。
- 断熱材に隙間があると、室内の熱が逃げます。空気は暖かいところから冷たいところに移動しますので、冬は暖かい空気が逃げ、夏は熱い空気が室内に入ってきます。これでは暖冷房の効果が半減し、無駄なエネルギーを消費することになります。
- 断熱、気密の施工にはさまざまな構法があり、地域特性や構造に見合う施工がされているか確認することが最も重要です。

チェックポイント　天井の断熱材は隙間なく入っていますか？

第2部　安心できる建築会社の選び方

良い現場（一流）

写真提供：塚本産業株式会社（栃木）

気流留め（断熱材）

間仕切り壁

- 上の写真は、部屋を仕切る間仕切り壁の上部に「気流留め」という断熱材を入れているので、左ページ上の家のように、間仕切り壁の上部から熱が逃げてしまうことがありません。
- 下の写真は天井です。断熱材に隙間ができないように丁寧に施工されています。
- 断熱工事のポイントは隙間をつくらないことです。断熱材の隙間がなければ、冬は暖かく、夏は涼しい快適な住まいになります。
- 良い建築会社は、現場監督が断熱検査を行い、検査証拠（施工写真）を残しています。

チェックポイント　建築会社が断熱検査を実施して、検査チェックシートや検査写真の履歴が残されているか聞いてみてください。

上級編⑳　品質管理25

135

上級編㉑　品質管理 26

天井断熱材に隙間はありませんか？②

よくない現場

角材

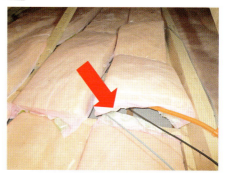

- 上は天井の写真です。断熱材を切断するときに、断熱材から突き出す角材（天井を吊る役割をしている角材）の寸法分を切断していないため、断熱材が角材まわりにフィットせず、隙間があいています。
- 下は天井裏の写真です。電線まわりが隙間だらけになっています。このような隙間ができた原因は、断熱材を入れた後に電気の配線工事をしたためです。電気の配線工事を先にしてから断熱材を入れれば、このようなことにはなりません。
- 現場で切断する綿状の断熱材は、丁寧に施工しないと、このように隙間ができてしまいます。

良い現場（一流）

写真提供：塚本産業株式会社（栃木）

角材

隙間なし

- 上の写真は、断熱材を切断するときに、天井を吊っている角材の寸法分を切断しているので、断熱材が角材にフィットし、隙間がありません。
- 下の写真は、天井裏の写真。電気の配線工事を先に行ってから断熱材を入れているので、隙間がありません。
- 断熱材の工事は、一つひとつの作業を隙間がないように丁寧に行うことが重要です。
- 断熱、気密の施工にはさまざまな構法があり、地域特性や構造に見合う施工がされているか確認することが最も重要です。

上級編㉑ 品質管理 26

上級編㉒　品質管理 27

発泡断熱材は正しく施工されていますか？

よくない現場

- 現場で発泡させる硬質ウレタンフォーム断熱材の施工例です。
- 左は壁断熱材の写真で、点線の位置が正しい厚さですが、矢印のところは厚さが不足しています。現場で発泡させる断熱材は、図面で指定されている厚みをきちんと確保することが重要です。
- 右の写真の赤線で囲まれている部分は、「火打ち材」と言って、地震や強風のときに建物が歪まないように斜めに取りつけた材木です。
- 火打ち材と梁をボルト（赤丸部分）で継いでいますが、このボルトは外壁を貫通しているため、ここから冬は熱が逃げ、夏は外の熱が室内に入ってきます。この部分にしっかりと断熱材を施工しないと、ボルトを通して建物の熱が損失し、冷暖房の効率が悪くなってしまいます。
- 断熱、気密の施工にはさまざまな構法があり、地域特性や構造に見合う施工がされているか確認することが最も重要です。

第2部　安心できる建築会社の選び方

良い現場（一流）

写真提供：株式会社宮沢工務店（長野）

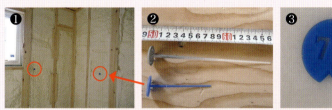

ピンの頭

火打ち材

ボルト

- 写真①は、壁の断熱材を吹きつけたところです。
- 写真②は、断熱材の厚みを計測するピンで、長さは75ミリです（青色のピン）。写真③のピンの頭には75と、断熱材の厚さが表記されています。このように断熱材の厚みが確保されていることが証拠として残されています。
- 写真④は、火打ち材と梁を接合しているボルトの部分に、断熱材を吹きつけているので、ボルトを通して熱が逃げません。

チェックポイント
発泡断熱材は、隅々まで正しい厚さで施工され、外壁を貫通しているボルト部分が断熱材でしっかり覆われていますか？
工事中に見学できない場合は、検査チェックシートや検査写真の履歴が残されているか聞いてみてください。

上級編㉒　品質管理27

上級編㉓　品質管理 28

壁の石膏ボードは正しく貼られていますか？

よくない現場

- 上の写真は、壁の石膏ボード（壁紙の下に貼られている建築材料）を貼っているところで、施工不良が4点あります。
① 石膏ボードの端ギリギリのところにビスが打たれているため、ボードが割れている。
② 石膏ボード間の隙間が大きすぎる。
③ 右側と左側のビスが規定の15センチ間隔で打たれていない。
④ 右側と左側のビスが同じ高さに打たれていない。
- 下の写真は、ビスが石膏ボードにめり込みすぎていて、ボードの表面を覆う紙が破れています。石膏ボードは表面の紙が破れると強度が低下します。
- これでは、上下の事例とも数年後に壁紙にシワや亀裂が発生します。

良い現場（一流）

写真提供：株式会社坂井建設（大分）

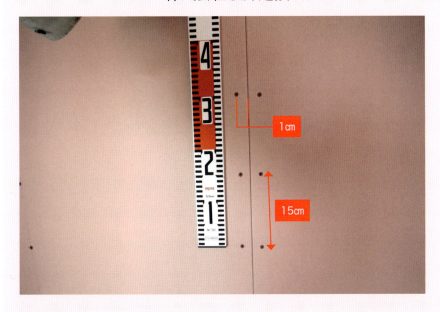

● 壁の石膏ボードを貼っている写真ですが、左のページの現場とは違い、丁寧な仕事をしています。
① 石膏ボードの端から1センチのところにビスが打たれている。
② 石膏ボード間に隙間がない。
③ 右側と左側のビスが規定の15センチ間隔で打たれている。
④ 右側と左側のビスが同じ高さに打たれている。
※写真のスケールは1目盛りが1センチです。

チェックポイント　石膏ボートは正しく施工されていますか？　現場で確認できない場合は、検査チェックシートや検査写真の履歴が残されているか聞いてみてください。

上級編 ㉔ リフォーム工事 1

開始時挨拶・仕事の説明・身だしなみは教育されていますか?

失敗：二度とこの会社に頼まない

私のリフォーム工事（給湯器交換）でこんな体験をしました。

リフォーム工事の開始前日に来た職人がインターフォンで「設備屋です。給湯器の下見に来ました」と言いました。しかし、建築会社名・設備会社名・職人の氏名を名乗りません。「お世話になります」の挨拶もできません。

給湯器の配管に巻いてある保温材をナイフで切ったので、ゴミが隣の家の庭に飛んで行ってしまい、私が自宅からゴミ袋を持ってゴミを拾いに行きました。

翌日、給湯器の交換工事が始まりましたが、何の説明もなく2時間断水しました。12月の冷える中、家族6人がトイレを使えないという状況になりました。

午後3時、職人が室内に入り、給湯器のリモコンを交換しましたが、床をシートで養生しないのでホコリが落ち、職人が廊下を歩いたあとはジャリジャリとしていました。おまけに、職人は掃除機を持ってきておらず、当然のことながら掃除はしません。

夕方になり、小雨が降り出し、職人は早く帰りたそうにしていたので、私が「あとは私が掃除するので終わりにしていいですよ」と言いました。

結局、職人が帰ったあと、私が門から給湯器までのアプローチを水で洗ったのです。

あとで建築会社の現場監督が来て「いかがでしたか?」と聞かれたので、「無事終わったよ」と答えましたが、心の中では「二度と頼まないぞ!」と思っていました。

翌日、道路に出てみたら、職人が工事車両からこぼしたセメントが道路に散乱していました。水で洗いましたが、アスファルトの目の中にセメントが入ってしまいきれいになりませんでした。

チェックポイント
リフォーム業界にはこういう職人・現場監督・会社が多いのです。以降、リフォーム工事で失敗しないための注意事項を書きますのでご覧ください。

満足：次の工事も頼む

　左ページの事例は、一流の建築会社だと以下のようになるでしょう。

　リフォーム工事の開始前日に来た職人がインターフォンで挨拶します。「こんにちは。Ｋホームの依頼で参りました鈴木設備の佐藤と申します。よろしくお願いいたします。給湯器の下見に参りましたので、拝見させていただいてよろしいでしょうか」

　敷地に入り、「配管の劣化状況を確認するために保温材を取ってもよろしいでしょうか」と承諾を求めます。当然、ゴミは散らかしません。

　下見終了後はきちんと翌日の予定を伝えます。「明日は給湯器を取り外しますので、10時ごろから約2時間、水道が出なくなります。ご協力よろしくお願いします。明日は朝9時から工事を予定しておりますがよろしいでしょうか」

　翌朝、作業前の挨拶をし、門から給湯器までのアプローチ養生をして工事開始。12時ごろに水道接続が完了すると、「水道が使えるようになりました。長時間ご迷惑をおかけしてすみませんでした。これで午前中の工事は終了し、午後は1時から開始しますのでよろしくお願いします」と報告があります。

　午後3時、職人はインターフォンで「今から台所の給湯器のリモコンを交換したいのですが、室内に入ってよろしいでしょうか」と確認を求めます。そして持参したきれいなスリッパを履いて入室し、床をシートで養生してから作業を開始。「リモコン交換が終わりましたのでご確認いただけますか」と、ひとつの作業が完了するたびにお客様に確認していただき、承諾を得ます。

　また、床養生シート片づけ・掃除機がけ・雑巾がけ、給湯器周りの片づけ、アプローチの養生材片づけもきちんとこなします。

　最後に「すべての工事が完了しましたのでご確認いただけますか」「新しい給湯器の使い方を説明したいのですが、いかがでしょうか」と丁寧に行い、「本日はお忙しいところ、一日お立ち合いいただきありがとうございました。今後もよろしくお願いいたします」と挨拶してから帰ります。

　このような対応であれば、また工事を依頼する気持ちになりますね。

上級編㉕　リフォーム工事2

マナーは良いですか？

- お客様が不愉快な思いをしています（服装が汚い・髪とヒゲが不快・汗臭い・タバコ臭い・携帯電話の音がうるさい・靴が脱ぎっぱなし・靴下が汚い・靴下が臭い・挨拶がろくにできない）。
- お客様に事前承諾を得ていません（駐車場・電気と水道借用・材料置き場・外部の作業場所・家具の移動など）。
- 三流の業者が工事現場のつもりで作業をします（マナー・養生・清掃・品質）。
- 仕事の説明をしません、疑問点を聞きません、完了確認をしてもらいません、業者の判断で勝手にやります。

チェックポイント　建築会社の教育不足で、業者に任せっぱなし。当然のことながらクレームになります。

マナーが良い現場（一流）・満足

写真提供：ヤマサハウス株式会社（鹿児島）

- ●お客様に不快な思いをさせない心遣いをしています。
- ・身だしなみ・口臭・携帯電話の音・靴の整理・スリッパ持参など
- ・開始時の挨拶・仕事の説明・疑問点確認・昼食前と午後開始挨拶
- ●お客様に事前承諾を得ます（駐車場・電気と水道借用・材料置き場・外部の作業場所・家具の移動など）。
- ●工事現場ではなくお客様宅で、すべてがお客様の物であることを認識し、細心の注意を払い作業をします（作業前養生・一つの作業完了後の清掃と養生・傷を絶対につけない）。
- ●一つの作業完了後の確認承諾を得ます。
- ●終了時の挨拶・お茶のお礼・明日の予定などを伝えます。

> **チェックポイント**　建築会社がしっかり業者教育を行っています。

上級編㉖　リフォーム工事3

室外・室内の養生は されていますか?

工事が雑（よくない現場）・不

- 養生とは、工事で傷がつかないように仕上げ材（床板とか壁・外壁）やお客様の家具などをシートや板で保護することです。
- お客様の苦情として、次のようなものがあります。
  塀を傷つけられた／車庫の土間を汚された／敷地をセメントの粉で汚された／祖母が大事にしている草花が踏みつけられて駄目になってしまった／池に外壁の塗料が入って錦鯉が死んでしまった／大事な記念樹木の枝が折られた／外の植木鉢が割られた／室内から解体材料を外に出すとき窓枠を傷つけられた／家具にテープを貼られ表面が剥がれてしまった
- 中には弁償できない物もあります。原因は、養生ルールがないこと、業者の教育不足です。

第 2 部　安心できる建築会社の選び方

工事が丁寧（一流）・満足

写真提供：上：株式会社諸橋工務店（新潟）
　　　　　下：正栄産業株式会社（富山）

●一流の会社の養生ルールを一部紹介します。
・材料を出し入れする門の塀は合板で養生します。
・門扉は厚手のシートで囲います。
・車庫や庭をお借りして作業をする場合は、土間および地面をシートで養生する。作業完了後、掃き掃除を徹底します。
・増築工事等で足場を組む場合は、事前にお客様の承諾を得て、壊れそうな物は移動します。品物の写真も撮っておき後日元に戻します。
・建物の材料搬出入口は、サッシと枠材をクッション材で養生する。

チェックポイント　このように細部にわたり養生ルールがマニュアルで決められており、定期的に業者と勉強会を行い、傷防止に努めています。

上級編㉖　リフォーム工事 3

上級編 ㉗ リフォーム工事 4

安全（室内足場）に配慮していますか？

危険（よくない現場）

●上の写真は、天井板を張るための足場です。脚立の上に長さ2メートルの足場板を2枚重ね合わせて使っています。危険な点が3点あります。
①脚立から足場板が滑って外れる恐れがあります。
②足場板を重ね合わせている部分に作業者が乗ったとき、ずれて転落するので危険です。
③足場板を重ね合わせた部分も段差があるので、つまずき転落する恐れがあり、危険です。

チェックポイント　「中級編⑥安全管理1」のとおり、建築業界では年間約170人が現場事故で亡くなっています。死亡事故で一番多いのは足場からの墜落と転落事故です。家づくりで失敗しないために、安全管理に取り組まない建築会社を選んではいけません。

安全（一流）

写真提供：株式会社諸橋工務店（新潟）

● 上の写真は、アルミ製伸縮式足場板です。この足場の安全性を記します。
① 足場板の両面に滑り止めゴムが付いており、脚立から滑って外れる心配がありません。
② 足場板が伸縮式なので重ね合わせがなく、段差もないのでつまずかずに作業ができて安全です。
● この会社では、お客様の大切な現場で事故を起こさないことを方針に掲げ、会社でアルミ製伸縮式足場板を職人に支給しています。

チェックポイント 大事な家づくりを成功させるために、現場の安全に真剣に取り組んでいる建築会社を選んでください。

上級編 ㉘ リフォーム工事 5

品質（断熱材）は良いですか？

工事が雑（よくない現場）・不

- 壁の中を気流（空気）が流れないように、隙間を断熱材などでふさぐことを「気流止め」と言います。
- 下の写真は、床下の間仕切り壁の下の部分で「気流止め」が充填されていませんので、冬であれば床下の冷たい風が壁の中に入り込んでいきます。
- 上の写真は、2階の天井裏の間仕切り壁の部分で「気流止め」が充填されていませんので、冬であれば床下から上がってきた冷たい風がここから抜けて天井裏が冷やされます。これでは暖冷房の効果が半減し、無駄なエネルギーを消費することになります。

| チェックポイント | 断熱材に隙間がないか、しっかり確認しましょう。 |

第2部　安心できる建築会社の選び方

工事が丁寧（一流）・満足

写真提供：共和土木株式会社、共和ホーム（富山）

- 下の写真は、床下の間仕切り壁の下の部分で「気流止め」が充填されています。間仕切り壁の上と下がふさがれているので壁の中を気流が流れることはありません。
- 上の写真は、2階の天井裏の間仕切り壁の部分で「気流止め」が充填されています。
- 断熱工事のポイントは隙間を作らないことです。断熱材の隙間がなければ、冬は暖かく、夏は涼しい快適な住まいになります。
- 良い建築会社は、現場監督が断熱検査を行い、検査証拠（施工写真）を残しています。

> **チェックポイント**　工務店が断熱検査を実施して証拠を残しているか確認しましょう。

上級編㉘　リフォーム工事5

上級編㉙　リフォーム工事6

作業終了時の清掃や挨拶がきちんとできていますか？

「この会社には二度と頼まない」

●施主の苦情として、次のようなものがあります。
①敷地に釘やビニールが落ちていた。
②テラスタイルの上が泥で汚れている（外構業者）。
③業者が掃除道具（ほうき・チリトリ・掃除機）を持っていない。床と幅木の上にホコリがある。
④カーテンに壁紙の充填材をつけて、黙って帰ってしまった。
⑤交換した流し台から水漏れがする。
⑥移動した家具を戻さないで帰った。家具の位置が違う。
⑦仕上がりの確認を求めずに帰ってしまった。仕上がりが雑。
●過去の問題点が改善されていない、同じ問題を繰り返す、会社の教育不足。

工事・対応が丁寧（一流）・満足

写真提供：STYLE HOUSE ALLAGI株式会社（大阪）

「この会社にまた頼みたい」

● 一流の会社のリフォームマニュアルを一部紹介します。
① 作業終了時に片づけ清掃を完璧に行います。2度確認します（過去のクレーム事例を確認し、同じミスをやりません）。
② きれいな掃除道具（雑巾・ほうき・チリトリ・掃除機）を持参し、作業終了時に、片づけ・掃除機がけ・雑巾がけの手順でピカピカにします。
③ お客様の物を傷つけたり汚したりした場合は、すぐにお詫びをし、会社の担当者に報告します。
④ 作業終了時に、自主検査チェックシートに基づき自主検査を行います。
⑤ お客様の物を移動するときは写真を撮り、作業終了後、写真を見て元の位置に戻します。
⑥ 業者ごと完了時にお客様に確認していただき、承諾を得ます。お手入れに関するアドバイスを行います。最後にお礼の挨拶をします。
● マニュアルで業務ルールや顧客対応ルールが決められており、定期的に業者と勉強会を行い、顧客満足度向上に努めています。

上級編㉚　現場基準1

現場ルールはしっかり定められていますか？①

現場マナー

写真提供：大仁産業株式会社ココロホーム（熊本）

- 良い建築会社では、現場を訪れるお客様（建て主・見学者・近隣住民）への対応ルールがマニュアルで決められています。
- ルールの内容は、たとえば、身だしなみ、挨拶の仕方、休憩時間のすごし方、近隣配慮、建て主への対応の仕方、見学者の方への対応の仕方、近隣住民の方への対応の仕方…などです。
- マニュアルがあると言うと、「マニュアル通りのお客様対応なんて、なんだかいやだな…」と思う方もおられるかもしれませんが、さまざまな業者が入れ替わり立ち替わりで作業している建築現場では、最低限守るべきルールをマニュアルで定めておかないと、業者間でルールを共有するのは難しいものです。最低限のルールを決めたマニュアルがあって初めて、それ以上のお客様対応ができるようになるのです。

品質マニュアル

写真提供：**株式会社ハウスヴィレッジ（新潟）**

- 良い建築会社では、品質マニュアルで、現場で守るべき品質ルールが決められています。
- この会社のマニュアルでは、全313項目にわたる品質（検査）基準が定められていて、内容は以下のようになっています。

①基礎工事66項目　②建て方（骨組み）工事104項目
③外壁防水55項目　④断熱工事19項目
⑤造作工事23項目　⑥仕上げ工事46項目

チェックポイント　あなたが検討している建築会社には品質に関するマニュアルがあるかどうか、またそのマニュアルを使用して現場で適切な品質管理を行い、検査履歴が残されているか聞いてみてください。

上級編㉛　現場基準2

現場ルールはしっかり定められていますか？②

現場環境整備マニュアル

写真提供：川上建設株式会社（岡山）

● 良い建築会社では、現場環境整備のルールがマニュアルで定められています。この写真は現場環境整備マニュアルの一部ですが、マニュアル全体では、現場で守るべきルールが、写真120枚を使って解説されています。

● ルールの内容は以下のようになっています。
① 現場外部　近隣配慮、敷地まわりの囲い、敷地入口ゲート、資材の養生、外部の整理整頓ルールなど。
② 現場内部　玄関土間の養生、室内床の養生、室内の整理整頓、掃除方法、仕上がった箇所の養生ルールなど。

> **チェックポイント**　建築会社に現場環境整備マニュアルがあるかどうか聞いてみてください。

安全マニュアル

写真提供：株式会社工房夢蔵（福島）

○脚立をまたいで作業する
×脚立の天板に乗る

○昇降階段を設置する
×脚立をハシゴ代わりにする

● 良い建築会社では、安全管理のルールがマニュアルで定められています。たとえばこの写真のような、現場で守るべき安全ルールが解説されています。

● ルールの内容は以下の通り（一部）で、重傷事故を防止するためのものです。

①近隣への飛散防止（ゴミ、材料）　②建物からの墜落防止
③足場からの墜落防止　④室内吹き抜けでの墜落防止
⑤電動工具による事故防止

チェックポイント　あなたの夢の家づくりで重傷事故など起きたら困りますよね！検討している建築会社に安全マニュアルがあるか聞いて、きちんと安全ルールを守っている建築会社を選びましょう。

上級編㉜　現場基準3

検査の結果は管理されていますか？

検査チェックシート

写真提供：タナカホーム株式会社（青森）

- 良い建築会社には、構造上重要な工事（基礎・建て方・防水・断熱・造作など）の品質検査基準があります。
- たとえばNo.5は建物の基礎部分の水平精度の基準です。基礎部分は1.8メートル以内で測定し、建物の基礎部分全体で水平誤差が±1.5ミリ以内であれば合格。不合格の場合は高いところを削るなどの処置をし、合格となった状態で次の工程の建て方工事に進みます。
- 品質管理の基本は、①検査基準を決める　②各工程で適切な施工を行う　③不良品は次工程に渡さない　④全工程で検査を実施する　⑤検査証拠を残す……です。これができている会社は非常に少ないのが現状です。

第2部　安心できる建築会社の選び方

品質管理写真シート

写真提供：タナカホーム株式会社（青森）

● 上の写真は品質管理写真シートの一部です。構造上重要な工事（基礎・建て方・防水・断熱・造作など）の検査証拠写真です。良い建築会社はこのように検査を行って履歴を保管しています。

チェックポイント

検討している建築会社に行ったとき、「検査履歴を見せてください」と聞いてみてください。このとき、事前に言わないのがポイントです。突然頼んでも即座に検査履歴を出してくれる会社なら、良い建築会社である可能性が高いので、後は現場を見学してみて、この本に良い例として載っている項目がしっかりできているか確認してください。

上級編㉜　現場基準3

159

上級編㉝　教育制度

人材教育はされていますか?

マナー研修

写真提供：株式会社ホームライフ（京都）

- 良い建築会社では、定期的に社員と職人さんを集めて、お客様対応方法を指導しています。この写真は、全員で挨拶の練習をしている様子です。何を習得するにも、定期的に指導を受けないと忘れてしまいますから、お客様満足度の高い建築会社はこのような教育を継続して、社員と職人さんのお客様対応レベルを維持、向上しています。

チェックポイント　あなたが検討している建築会社が、社員と職人さんに継続的にお客様対応方法を指導しているかどうか聞いてみてください（社員だけでなく、職人さんも教育していることが重要）。確認できたら、実際に現場を見学してみましょう。

第2部　安心できる建築会社の選び方

安全大会

写真提供：株式会社諸橋工務店（新潟）

- 良い建築会社は、現場の安全を重要視しています。この写真の建築会社では、年1回以上、全社員と工事に携わる全職人さんが参加して安全大会を行っています。
- あなたの家の建築現場で悲惨な事故を起こさないためには、あなたが検討している建築会社が、現場の安全について定期的に勉強会を開催しているかどうか、確認することが大切です。

> **チェックポイント**　現場の安全に関する勉強会を開いているかどうか聞いてみてください。安全に関する勉強会を定期的に開催していない建築会社は、絶対に選んではいけません。

上級編㉝　教育制度

上級編㉞　現場検証

教育後の現場検証ができていますか？

現場パトロール

写真提供：株式会社水元工務店（福井）

- 現場パトロールをして、職人さんの身だしなみをチェックしている様子です。この建築会社では、月1回、工事中の全現場をパトロールしチェックシートを使ってチェックし、現場監督ごと、業者ごとの評価を行っています。その後、評価の悪かった人は再教育します。
- チェック内容は以下の通りです。
①現場環境整備は良いか　②安全管理は良いか　③職人さんのマナーは良いか　④施工品質は良いか　⑤近隣に対する配慮は良いか……などです。
- 「マニュアルはある。勉強会も行っている。けれど学んだことを現場で実行できていない」という会社が世の中にはたくさんあります。学んだことを現場で実践し、定期的にパトロールをして評価と再教育をしている会社かどうか、見極めましょう。

第2部　安心できる建築会社の選び方

反省会

写真提供：株式会社水元工務店（福井）

- ●業者を集めての現場パトロールの反省会をしている様子です。現場の問題点は何か、どう改善するか討議をしています。
- ●この反省会を定期的に行うと、職人さんたちが自発的に考えて良い意見がたくさん出るので、より良い家づくりにつながっていきます。
- ●良い家をつくるには、①現場のルールをきちんと決める　②ルールに基づいて社員と職人を教育する　③教育したことが実行されているか、現場で検証する　④定期的に反省会を行って問題点を改善することが必要です。

チェックポイント　あなたが検討している建築会社が、きちんと現場検証と反省会も行っているか聞いてみてください。

上級編㉞　現場検証

コラム

良い家は一目でわかる!!

写真提供：株式会社諸橋工務店（新潟）

近隣の皆様に ご迷惑をおかけしないために…	●駐車場の確保 ●仮設トイレの水洗化（下水道地域） ●道路を掃除する道具
防犯対策で 不審者が侵入しないために…	●防犯フェンス ●敷地入口ゲート
現場がいつも きれいな状態を保つために…	●敷地内ブルーシート敷き ●掃除用具と整理棚の設置

　本書でお話ししたようなきれいで安全な現場を維持するためには、上で説明しましたように、現場の環境整備や安全管理のための機材や設備が必要です。
　具体的には、主に次のようなものが必要となります。
①養生のためのブルーシート　②防犯フェンス　③敷地入口ゲート　④掃除用具と整理棚　⑤工事車両用の駐車場の確保　⑥仮設トイレの水洗化（下水道地域）
　これらは最低限必要なものです。
　これらが整っていると、現場は整然としていますので、一目で安心できる建築会社だとわかります。

おわりに

　私が提案する良い建築会社の選び方を最後までお読みいただき、ありがとうございました。これでもうあなたには、「現場力」のある良い建築会社を選ぶ力がついたはずです。

　では、総仕上げにこんなエピソードをお伝えしたいと思います。

　先日、私が指導している建築会社のＡ社に、家を新築したいという若いご夫婦がやってきたそうです。

　そのご夫婦はこれから建てる家について、しっかりしたビジョンをお持ちでした。

　〝健康に配慮した家〟〝地震に強く丈夫で長持ちする家〟〝断熱材や保温効果などの省エネはもちろん、家事や掃除がしやすい間取り〟など具体的なご要望がありました。

　さらには施工の際のチェック体制や現場の管理体制も聞いてきたそうです。

　いくら営業マンが契約を取るために口当たりのいいことを言っていても、2015年秋に起きたマンションの杭打ち偽装事件に見られるように、現場ではひそかに不正や偽装、手抜き工事が行われていることもあると疑っているのです。

　もちろん、その建築会社は自分の会社は全て問題ないと答えました。

　すると、そのご夫婦は驚くことにこう言ったそうです。

「その根拠を見せていただけますか？」

　そう聞かれたとき、たいていの建築会社は困ってしまうでしょう。いったいどんな証拠を見せればいいのか悩んで――結局、見せられるものは何もないと

気づくはずです。

　しかし、私の研修を受けたＡ社は迷うことなく、現場環境整備・品質管理・安全管理・マナーのマニュアルや、現場パトロールとお客様満足度向上研修の動画、そして、品質検査報告書（証拠写真を添付したもの）をご夫婦にお見せしました。

　これにはご夫婦も、〝ここまでやっているのか！〟とびっくりされたようです。

　その後、ご夫婦に建築途中の現場を見ていただきました。そこはもちろん、この本で取り上げた良い例の全てのポイントが詰まった現場です。

　すっかり安心されたご夫婦は、ほどなくしてＡ社と契約したそうです。

　本書を読んだあなたも、自分が建てたい家のイメージを持つだけでなく、このご夫婦のように、どんな現場で家がつくられているのかにも興味を持ち、建築会社には遠慮せずにどんどん質問し、現場をしっかり見せてもらって、信頼できる建築会社かどうかを見極めてください。

　最後に、もう一つだけお伝えしたいことがあります。

　実は、あなたが家を新築したいと考えたとき、本当に頼りになる建築会社はとことん探せば日本中に何社もあります。たとえば、本書の良い現場の例で撮影協力してくれた会社です。

　私は、「一流の現場塾」という建築会社向けの研修を主宰し、約8カ月かけて、現場環境整備・品質管理・安全管理・マナーを指導しています。

　本書で撮影協力してくれた会社はすでにその指導を受けて一流の「現場力」を身につけています。

　さらに、これらの会社は「家づくりを計画している人々が、「現場力」のある建築会社に出合って、安心して住める家を建てられるように」という想いを私と共有していただきました。

　そして、「現場力」の維持とさらなる向上を目指して、2016年から私の主宰する「超一流を目指す研究会」に参加し、現場の抜き打ちパトロール、検査履歴のチェック、全業者のマナー研修などを受け、その後も社員と業者の教育・現場検証・評価・再教育を繰り返しています。

おわりに

　これらの建築会社を訪問しますと、〝本物の家づくり〟を実際に見ることができます。現場を大事にしていない会社と比べてみると、その差は一目瞭然です。実際にご自身の目で、耳で、肌で、本物の家づくりを感じ取ってください。
　本を読むだけでは、現場の職人さんのマナーや対応は実感することは難しいと思いますが、現場で実際に職人さんに接してみればよくわかります。

　さあ、契約を交わす前に、まずは現場を見ることから始めてみてはいかがでしょう。
　この本を手に取られた皆様が、家づくりという人生の一大事業を成功させることを、心から願っております。

　2017年10月吉日

　　　　　　　　　　　　　　一般社団法人　日本中小建設業CS経営支援機構
　　　　　　　　　　　　　　　　　　　　代表理事　本多民治

良い建築会社を見極めるための現場チェックリスト12

　※本書をここまで読んだあなたなら、きっと信頼できる建築会社を選ぶ基準が理解できたことでしょう。最後に復習の意味で、良い建築会社を選ぶ際の分岐点となる現場チェックリストを掲載しておきます。

　※このチェックリストを使って、気になる建築会社を比較し、一番良い建築会社を選んでください。これは最低限のチェック項目なので、できれば満点を

現場チェックリスト	A社	B社	C社
■環境整備			
1. 敷地内に置かれた資材がきちんと整理され、雨に濡れないようにシートで覆われているか？	○	○	×
2. 敷地の土が道路や側溝に流れ出していないか？			
3. 室内の資材、工具、掃除道具はきちんと整理され、ホコリはこまめに掃除されているか？			
■品質管理			
1. 骨組み時、屋根や床、壁の材木が雨で濡れないようにシートで囲ってあるか？			
2. ドア、キッチンセット、ユニットバス、カウンター、その他の完成部分がきちんと養生されているか？			
3. 品質検査報告書が（検査写真付きで）きちんと保存されているか？			

とれる会社を選んでほしいところですが、もし1つでも×がある会社を選ぶ場合は、それを改善してもらえるよう、必ず話し合いをしてください。

　※工事が始まってからも、この「現場チェックリスト」を使って○×を記入しながら現場をチェックしましょう。

	A社	B社	C社
■安全管理			
1．足場の上や屋根の上で作業している職人さんがヘルメットを着用し、きちんとあごヒモを締めているか？			
2．職人さんの墜落事故を防ぐために適正な場所に足場が組まれているか？			
3．毎月全現場のパトロール、反省会をしているか、年1回全業者を集めて安全大会をしているか？			
■マナー			
1．現場で作業している職人さんの身だしなみが整っているか？			
2．現場見学の際、職人さんがきちんと挨拶し、ていねいに工事の説明をしてくれたか？			
3．工事用車両が近隣住民の通行を妨げるなど、迷惑をかけていないか？			

写真協力建築会社一覧

　本著の執筆にあたり、良い現場例の写真提供に協力してくれた全国の建築会社です。一般社団法人・日本中小建設業CS経営支援機構の「一流の現場塾」で現場環境整備、品質管理、安全管理、現場マナーを学び、超一流の現場づくりを目指している建築会社です（あいうえお順）。

①株式会社アート・宙（三重）
②株式会社いのうえ工務店（埼玉）
③和（かのう）建設株式会社（高知）
④川上建設株式会社（岡山）
⑤有限会社北山建築（三重）
⑥共和土木株式会社、共和ホーム（富山）
⑦株式会社工房夢蔵（福島）
⑧株式会社坂井建設（大分）
⑨正栄産業株式会社（富山）
⑩STYLE HOUSE ALLAGI株式会社（大阪）
⑪西和不動産販売株式会社（滋賀）
⑫大仁産業株式会社ココロホーム（熊本）
⑬タナカホーム株式会社（青森）
⑭塚本産業株式会社（栃木）
⑮株式会社ハウスヴィレッジ（新潟）
⑯株式会社ホームライフ（京都）
⑰株式会社丸山工務店（東京）
⑱丸和建設株式会社（茨城）
⑲株式会社水元工務店（福井）
⑳株式会社宮沢工務店（長野）
㉑株式会社モリシタ・アット・ホーム（兵庫）
㉒株式会社諸橋工務店（新潟）
㉓ヤマサハウス株式会社（鹿児島）
㉔ロイヤルホーム株式会社、株式会社国分ハウジング（鹿児島）

著者プロフィール

本多 民治（ほんだ たみはる）

1955年、茨城県生まれ。1973年、大手ゼネコンに入社。1987年、大手住宅メーカーフランチャイズに入社。2001年、大手住宅メーカーフランチャイズ全国42事業所でお客様満足度No.1を獲得（以降5期連続、サービス部門でNo.1を維持）。2003年、建築技術研修センターを設立。2012年、一般社団法人「日本中小建設業CS経営支援機構」に組織改編し、全国の地域に密着している建築会社に対して「一流の現場塾」を開講。「一流の現場づくり」を指導している。建築技術コンサルタント。ISO9001／JRCA登録審査員補。1級建築施工管理技士。

これだけ違う！一流の現場とよくない現場
良い家は現場を見ればわかる！パート2

2017年11月15日　初版第1刷発行

著　者　本多 民治
発行者　瓜谷 綱延
発行所　株式会社文芸社
　　　　〒160-0022　東京都新宿区新宿1−10−1
　　　　　　　　電話 03-5369-3060（代表）
　　　　　　　　　　 03-5369-2299（販売）

印刷所　図書印刷株式会社

©Tamiharu Honda 2017 Printed in Japan
乱丁本・落丁本はお手数ですが小社販売部宛にお送りください。
送料小社負担にてお取り替えいたします。
本書の一部、あるいは全部を無断で複写・複製・転載・放映、データ配信することは、法律で認められた場合を除き、著作権の侵害となります。
ISBN978-4-286-18368-8